DragonSys™ – STUPOR MUNDI

von Xenia Krämer und Michael Störmer

DragonSys™ – lebendiges Mittelalter
STUPOR MUNDI
Idee von Xenia Krämer
Redaktionelle Bearbeitung und Lektorat: Michael Störmer

Satz und Layout: sagasatz im G&S Verlag
Umschlagbild: Antoine Verard „Karl der Große in der Schlacht" (15.Jhd.)
Korrektur: Olaf Heinen
Druck und Bindung: Gruner Druck GmbH, Eltersdorf

Paperback-Ausgabe
1. Auflage 2000
ISBN 3-925698-45-0
EUR 12,50 (DM 24,45)

DragonSys

STUPOR MUNDI

Lebendiges Mittelalter

g&S

Inhalt

Kleine Kulturgeschichte des Mittelalters

Die Rolle der Geschlechter

Der Alltag der Menschen des Mittelalters unterschied sich deutlich voneinander, je nachdem welchem Geschlecht und welcher Gesellschaftsschicht man angehörte. Frauen und Männer waren in ihrem Alltagsleben viel stärker auf eine geschlechtsspezifische Rolle festgelegt, als wir uns heute vorstellen können.

Die Ehe

Rechtsgrundlagen

Ob Edelmann oder Bauer, der Mann erlebte seinen Alltag anders als die Frau. In einer vor allem durch den christlichen Glauben geprägten, patriarchalischen Gesellschaft war die Rollenverteilung der Geschlechter deutlich und zumeist unabänderlich festgelegt. Der Mann war der Herr, die Frau unterstand seiner Vormundschaft. Vor der Ehe lag die Entscheidungsgewalt über ihr Leben bei ihrem Vater, danach bei ihrem Ehemann. Ausnahmen bestätigen hier nur die Regel.

Das stempelt die Frauen des Mittelalters mitnichten zu geist- und hilflosen Dummchen. Im Gegenteil – innerhalb ihrer speziellen Lebensbereiche besaßen sie durchaus Weisungsgewalt. Dennoch kennzeichnet diese durch die Kirche bestimmte Unterordnung das Verhältnis der Geschlechter zueinander. Die Art und Weise, wie Männer und Frauen dabei im einzelnen tatsächlich miteinander umgingen, ist von der Zeit und dem Landstrich abhängig.

Adelige Fräulein werden in den seltensten Fällen die Gelegenheit zu einer Liebesheirat gehabt haben. Zu bedeutsam waren die Konsequenzen für alle Angehörigen einer Familie, um eine Entscheidung wie den ehelichen Bund von den „Grillen einer jungen Weibsperson" abhängig zu machen.

Wie wichtig letztendlich die Institution der Ehe war, beweist unter anderem, dass sogar Bücher über Eheschließung und die gute Führung einer Ehe in ansehnlicher Auflagenzahl gedruckt und verkauft wurden. Eines der bekanntesten ist die Schrift „Ob einem Manne sey zu nemen ein ehelichs weyb oder nicht“ von Albrecht von Eyb, das uns für den Zeitraum von 1472 bis 1540 in 12 gedruckten Auflagen und fünf Handschriften überliefert ist. Bei diesem Büchlein handelt es sich um eine Nutzenanalyse der Institution Ehe, sowie eine Beratung zur sinnvollen Auswahl der Ehepartnerin, nebst einer Abhandlung über das korrekte Abschließen von Eheverträgen und den Umgang der Eheleute miteinander.

Aufgebot

Das öffentliche Aushängen des Aufgebotes wurde erst am Beginn des 13. Jahrhunderts üblich. In der Regel wurde es drei Wochen vor der Hochzeit an der Kirchentür angeschlagen. Die offizielle Heirat fand nicht wie heute in der Kirche, sondern vor dem Hauptportal statt, wo der Pfarrer symbolhaft vor allen Zeugen die Hände der Brautleute ineinander legte.

Die Hochzeitsmesse wurde erst im Anschluss an diese Zeremonie im Innern der Kirche gelesen. Üblich, vor allem bei den Besitzenden, waren Eheverträge, welche die Mitgift, die Morgengabe des Ehemannes, das Geschenk nach Vollzug der ersten Nacht, und auch die Besitzverhältnisse beim Tod eines Ehepartners regelten.

Wirtschaftliche Vorteile der Ehe

Die Ehe war für den Grossteil der Frauen und Männer die natürliche Form des Zusammenlebens. Sobald eine Frau nicht mehr als Kind gelten konnte, war ihr Verbleiben im elterlichen Haushalt, bei aller Zuneigung, in erster Linie eine wirtschaftliche Belastung. Selbstständig und unabhängig zu leben war ihr nicht möglich; vor Gericht z.B. galten Frauen als nicht eidfähig und mussten daher von einem Mann vertreten werden. Auch deshalb war das Zusammenleben in einer Ehe sinnvoll. Wer sich nicht binden wollte oder konnte, lebte in klösterlichen Gemeinschaften. Junggesellen oder alleinlebende „Singles" im modernen Sinn existierten nicht. Blieb ein Ehegatte als Witwe oder Witwer zurück, suchte man sich möglichst bald neu zu verheiraten, nicht zuletzt, um seine Kinder und den verwaisten Haushalt versorgt zu wissen.

Die Ehe ist in allen Fällen dabei weniger ein romantisches Zeichen inniger Liebe, als vielmehr ein Vertrag zu beiderseitigem Nutzen. Das bedeutet nicht, dass sich die Eheleute nicht wirklich zugetan sein konnten oder sich nicht innig liebten, Liebe war aber eben nicht der ursprüngliche Beweggrund einer Verbindung. Deutlich wird uns die Spannung zwischen zweckgebundener und romantischer Liebe im nur allzu bekannten Drama von Romeo und Julia.

Liebe war eher hinderlich für eine „vernünftige" Beziehung. Die Eltern der Julia hatten bereits eine gute Partie für sie arrangiert: Ein entfernter Verwandter, finanziell gut gestellt und nicht viel älter als sie selbst. Hätte sie nicht kurz zuvor Romeo kennen gelernt; eigentlich hätte sie über so eine günstige Verehelichung hocherfreut gewesen sein müssen.

Dabei bedeutete nicht einmal ein großer Altersunterschied ein echtes Hindernis. Im Hausbuch eines Pariser Bürgers aus dem Jahr 1393 lesen wir, dass er selbst über 60 war, seine frisch angetraute Frau zählte dagegen nur 15 Lenze. Nichtsdestotrotz scheint die Ehe sehr harmonisch verlaufen zu sein. Er genoss es, dass er wieder von einer Frau umsorgt wurde, sie war zufrieden, einen sehr reichen und gesellschaftlich gutgestellten Ernährer und Beschützer gefunden zu haben. Er sah ihr ihre Unerfahrenheit in Belangen der Haushaltsführung nach, und sie akzeptierte sein (für diese Zeit) sehr hohes Alter und gestaltete sein Leben so angenehm wie möglich.

Denn, so lesen wir in dem Buch, das er zu ihrer Erziehung für sie schrieb:

„Schönes Schwesterlichen, wenn ihr nach mir einen anderen Mann habt, dann müsst

ihr sehr auf seine Behaglichkeit achten. Denn wenn eine Frau ihren ersten Ehemann verloren hat, ist es gewöhnlich für sie schwer, einen zweiten aus ihrem Stand zu finden, und dann bleibt sie für lange Zeit allein und ungetröstet, und noch mehr, wenn sie den zweiten verliert. Deshalb pflegt euren Ehemann sorgsam und bitte, haltet ihn in sauberer Wäsche, denn das ist eure Aufgabe. Und weil die Sorge für die Geschäfte draußen Männersache ist, muss der Ehemann darauf Acht geben, er muss gehen und kommen und hierhin und dorthin reisen, bei Regen, Wind, Schnee und Hagel, einmal durchnässt und dann wieder ausgedörrt, einmal in Schweiß gebadet, dann wieder frierend, schlecht verpflegt, schlecht untergebracht, schlecht gewärmt und schlecht gebettet.

Und alles macht ihm nichts aus, denn ihn tröstet die Hoffnung auf die Fürsorge seiner Frau, wenn er zurückkommt. Und auf die Gemütlichkeit, die Freuden und Vergnügen, die sie ihm bereitet oder in ihrer Anwesenheit bereiten lässt: Die Schuhe beim warmen Feuer ausziehen, die Füße waschen lassen, frische Schuhe und Strümpfe anziehen, gutes Essen und Trinken vorgesetzt bekommen, schön bedient und versorgt werden, fein gebettet sein in weißen Bettüchern und weißen Schlafmützen, anständig zugedeckt sein mit guten Pelzen, verwöhnt durch andere Freuden und Unterhaltungen, Vertraulichkeiten, Liebesdienste und Heimlichkeiten, über die ich nicht rede. Und am nächsten Morgen neue Hemden und Kleider. Fürwahr, schönes Schwesterchen, solche Dienst halten die Liebe eines Mannes wach und lassen ihn gerne wieder heimkommen und seine Hausfrau wiedersehen und sich von anderen Frauen fernhalten."

Der Text zeigt uns, wie die klassische Rollenverteilung aussah. Der Mann hatte für den Unterhalt der Familie zu sorgen. Er arbeitete außer-

halb des Hauses und nahm dementsprechende Unbequemlichkeiten und Gefahren auf sich. Die Frau hatte für alle Belange innerhalb des Hauses zu sorgen und genoss dessen relative Bequemlichkeit und Sicherheit.
In vielen Ländern hing die Höhe der Strafe für den Mord an einer Frau von ihrer Fähigkeit ab, noch Kinder zu gebären! Wer eine Schwangere tötete, musste in Frankreich 700 Livres bezahlen, für den Mord an einer jungen Frau 200, während eine alte Frau den Übeltäter lediglich 100 kostete.
Die Angelegenheiten, die mit der Schwangerschaftsbetreuung und Geburtshilfe verbunden waren, waren im Mittelalter ausschließlich Frauensache. Ein Mann, dem die Mithilfe bei einer Geburt nachgewiesen wurde, konnte zum Tode verurteilt werden, so geschehen noch zu Beginn des 16. Jahrhunderts in Hamburg. Das Verbot bezog im übrigen auch die Angehörigen des Ärzteberufes mit ein! Der Hebammenberuf entwickelte sich erst Ende des 14. Jahrhunderts und erst dann wurden in den Städten festangestellte Frauen mit diesen Ämtern betraut. Zuvor halfen ältere und erfahrene Frauen einfach den Jüngeren, und so wird es auf dem Land wohl auch im Spätmittelalter und der Frühen Neuzeit geblieben sein.
Im 12. Jahrhundert erließ Papst Alexander II. ein Dekret, dass ein Mädchen zumindest das 12. und ein Junge das 14. Lebensjahr vollendet haben musste, bevor eine Heirat zu arrangieren sei, wohl um Kinderehen vorzubeugen. Einzelfälle sind aber überliefert, z.B. der eines englischen Edelfräuleins, dass mit acht Jahren verheiratet wurde und bereits vor Vollendung des 13. Lebensjahres Mutterfreuden entgegen sah. Dennoch bleibt festzustellen, dass die körperliche Reife früher einsetzte als heutzutage und sich an dieser wohl vor allem bei Frauen die Heiratsfähigkeit maß.
Eigentlich war es nur dem Mann per Gesetz gestattet, seine Frau zu züchtigen, doch aus nicht wenigen Abbildungen wissen wir, dass auch die holde Weiblichkeit nicht vor drastischen Mitteln zurückschreckte, um sich innerhalb der Ehe zu behaupten. Schläge, von beiden Geschlechtern ausgeteilt, sind jedoch mit Sicherheit die Ausnahme und nicht die Regel im Ehealltag des Mittelalters gewesen.

Geburt und Tod

Die größte Gefahr für das Leben der Frau – neben den allgegenwärtigen Krankheiten und Seuchen – war das Gebären. Überlebte sie das gebärfähige Alter und hatte auch noch eine stattliche Anzahl überlebender Söhne vorzuweisen, war sie sozusagen die Idealfrau in der Vorstellung mittelalterlicher Menschen.

Gleichzeitig gab es keinen wirklichen Schutz vor Schwangerschaft und den damit verbundenen Belastungen und Gefahren, außer dem Verzicht auf Geschlechtsverkehr. Die Kirche untersagte die Verhütung. Dennoch haben zu allen Zeiten Frauen und auch Männer versucht, Schwangerschaften zu vermeiden und im Fall einer ungewollten Schwangerschaft diese auch wieder ungeschehen zu machen. Beides war bei Androhung der Todesstrafe geächtet und musste unter größter Geheimhaltung geschehen. Unter Frauen wurden Rezepturen aus Eigelb, Bienenwachs, Safran, Minze und einer Vielzahl weiterer Kräuter und Wurzeln weitergereicht, deren Wirksamkeit jedoch mehr als fraglich ist. Der Coitus interruptus und der Analkoitus waren wohl ebenfalls verbreitete Verhütungsmittel an denen beide Partner beteiligt waren und von der Kirche nicht weniger geächtet.

Ein kluger und vorausdenkender Ehemann wird seine Frau, nachdem sie gerade entbunden hat, wohl geraume Zeit in Frieden gelassen haben, aber Kinder starben, und um den Fortbestand der Familie zu sichern, mussten viele Kinder geboren werden. Auch in diesem Fall hatte es die Adelige besser. Sie hatte Dienstboten, die sie zwar beaufsichtigen musste, sie selbst jedoch blieb von harter körperlicher Arbeit meist verschont. Sie hatte auch die Möglichkeit, sich bei der Geburt von einer Hebamme unterstützen zu lassen und ihre Angestellten an ihrer Statt Haus und Hausbewohner versorgen zu lassen, während sie selbst sich im Kindbett erholte.

Die Bürgerin wird weniger Muße gehabt haben. Zwar mag die reiche Kaufmannsfrau durchaus in ähnlichen Umständen entbunden haben wie die Adelige, doch für die meisten Bürgerinnen dauerte die Arbeit bis kurz vor der Geburt an und begann auch danach meist recht bald

wieder. Eine Hebamme wurde aus finanziellen Gründen nur geholt, wenn es Schwierigkeiten bei der Geburt gab, ansonsten halfen wohl Nachbarinnen oder leibliche Verwandte. Ähnlich verhielt es sich auch bei der Bäuerin, wobei deren Arbeitsalltag wohl von noch größeren Härten geprägt war.

Ammen

Wer es sich finanziell leisten konnte, nahm nach der Geburt eine Amme in seine Dienste. Die Amme konnte bei sehr reichen Familien mit im Haushalt leben. Eine andere Möglichkeit war es, das Kind zu einer Amme zu geben, die mehrere Kinder versorgte und deshalb billiger war als eine im Familienhaushalt lebende.
Eine Amme hatte genau festgelegte Pflichten. Sie durfte nur bestimmte Speisen zu sich nehmen, um ihre Milch bekömmlich zu halten. Während sie die Kinder entwöhnte, was oft erst im Alter von zwei Jahren der Fall war, hatte sie deren feste Speisen zuzubereiten und gegebenenfalls auch vorzukauen. Sie sollte neben der Erfüllung der körperlichen Bedürfnisse ihrer Schützlinge, wie das Waschen und Kleiden, auch durch das ständige Wiederholen von Worten deren geistige Entwicklung fördern und sie sprechen lehren.

Stand der Ehepartner

Der Stand des Ehemannes bestimmte automatisch die gesellschaftliche Position der Ehefrau. Dieses Rechtsverständnis konnte nur in Fürsten- und Königshäusern Ausnahmen finden. Das Vermögen der Frau, auch wenn sie als Alleinerbin beträchtlichen Besitz anhäufen konnte, ging beim Eintritt in die Ehe automatisch in den Besitz des Ehemannes über. Aber auch hier konnte das Basisrecht Ausnahmen erfahren, die vom jeweiligen Stand abhingen.

Aufgaben der Ehefrau

Das Verständnis von Ehe und deren äußerliche wie innerliche Form unterschied sich natürlich bedeutend, je nachdem welchem Stand die Ehepartner angehörten. So hatte mit Sicherheit die Frau eines leibeigenen Bauers weder die finanziellen Mittel noch die Zeit, ihren Mann so zu umsorgen, wie es der reiche Kaufmann von seiner Frau erwarten konnte. Die Bäuerin musste nicht nur den Haushalt versorgen, sondern auch einen Gutteil der Feldarbeit erledigen.

Je reicher eine Familie war, und je höher der gesellschaftliche Rang, um so weniger Arbeiten hat die Herrin des Hauses tatsächlich selbst verrichtet. Ihre Aufgabe lag vielmehr in der Überwachung und Koordination der Dienstboten, allerdings auch in deren Versorgung. Viele Heiligenlegenden erzählen von mildtätigen adeligen Frauen, die ihr Geld und ihre Zeit nutzten, Arme und Bedürftige zu versorgen. Es bedeutete also nicht nur reine Lebenserleichterung, finanziell gut gestellt zu sein, sondern es brachte meist die Verantwortung für andere Menschen mit sich. So wollte es jedenfalls die christliche Moral der Zeit. In einer Zeit, in der es weder Sozial- noch Rentenversicherung gab, hatte dieser Gedanke sicher seine Berechtigung. Ob moralische Verpflichtungen dieser Art immer in der vom Glauben geforderten Form geleistet wurden, bleibt aber dahingestellt.

Die Ausnahmefrau

Nicht alle Frauen blieben in dem starr geordneten System von Ehe, Familie und Gesellschaft. Christine de Pizan zum Beispiel wurde 1365 in Venedig geboren, heiratete mit 15 Jahren einen um zehn Jahre älteren Mann, der jedoch nach kurzer Ehe verstarb und sie mit drei Kindern zurückließ. Bald verstarb auch ihr Vater, und sie hatte mit fünfundzwanzig Jahren auch noch für zwei unmündige Brüder und ihre Mutter zu sorgen. Ihre Mutter, obwohl doch die ältere und erfahrenere Frau, scheint nie in Erwägung gezogen zu haben, den Lebensunterhalt der Familie zu bestreiten (und sei es auch nur durch eine erneute Heirat). Christine hingegen wollte unabhängig bleiben und verdiente zunächst ihr Geld mit dem Kopieren von Manuskripten, bevor sie schließlich selbst zu schreiben begann. Mit ihren Werken wurde sie zu einer bekannten Schriftstellerin nicht nur ihrer Zeit, sondern auch zu einer der Vorzeigefrauen der feministischen Forschung unserer Tage. Wohlgemerkt: Christine stellt eine Ausnahme dar und entstammte zudem einer nicht gerade unterprivilegierten Gesellschaftsschicht.

Die Familie

Der Familienbegriff

Familie umfasste nicht allein die Ehegatten und deren unmündige Kinder, sondern auch im weiteren Sinn Verwandte und allgemein Menschen derselben Blutlinie. Dieser weit gefasste Familienbegriff war sicher für Adelige von größerer Bedeutung, als für nichtadelige Lebensgemeinschaften, dennoch stellte dieser Begriff von Familie auch die Versorgungsbasis der Menschen des Mittelalters dar. In einem Gesellschaftssystem, in dem staatliche Absicherungen unbekannt waren, war die Familie als wichtigster Versorgungsträger unersetzlich.

Eine „Neuentwicklung" des Mittelalters war, dass an die Stelle des Stammes die Familie trat, die sorgfältiger abgegrenzt war. Besitztum und Wohlergehen der Familie waren von größerer Bedeutung als die des Volkes. Allgemeingültiges Gesetz konnte durchaus im Widerspruch zur Familiensitte stehen.

Die Familie im Mittelalter war in Brauchtum, religiösem Verständnis und rechtlichem Charakter eine patriarchalische Einrichtung. Das männliche Familienoberhaupt entschied über Wohl und Wehe der ganzen Sippe. Er war Erzeuger und Ernährer, aber auch Beschützer und Verwalter. In diesem Sinne heiratete ein Mann auch erst, wenn er in der Lage war, eine Familie zu unterhalten, d.h. sobald er über ein ausreichendes Einkommen verfügte. Frauen hingegen galten, sobald sie die körperliche Reife erreicht hatten, als „mannbar". Dennoch ist es falsch zu glauben, dass Frauen im Mittelalter immer bereits mit 13 Jahren verheiratet wurden, mit 18 fünf Kinder hatten und mit 25 verbraucht bei einer weiteren Geburt starben. Das durchschnittliche Heiratsalter war sowohl in den verschiedenen Jahrhunderten unterschiedlich, als auch von der sozialen Schicht der Ehegatten abhängig. Bauernmädchen dürften früher geheiratet haben als Prinzessinnen, wobei eheliche Verbindungenzwischen Königshäusern aber oft bereits im Kindesalter verabredet wurden. Verallgemeinernd gesprochen dürfte ein Mann bei seiner ersten Heirat Anfang bis Mitte zwanzig gewesen sein, die Braut etwa drei bis fünf Jahre jünger.

Aus dem bereits zitierten Hausbuch eines Pariser Kaufmannes wissen wir zum Beispiel, dass seine 15-jährige Frau eigentlich zu jung war, eine Ehe einzugehen, da sie in Haushaltsdingen noch sehr unerfahren war, ihre Mutter also nicht genügend Zeit hatte, sie sorgfältig auf eine Ehe vorzubereiten. Dennoch stimmten sowohl Braut als auch Brauteltern der Ehe zu, da der Bräutigam eine hervorragende Partie darstellte. Der Ehemann übernahm nun die weitere „Ausbildung“ seiner Frau (Einer der Gründe, warum er das Hausbuch schrieb!). Dabei war er sich klar darüber, dass er zwar ihre Jugend genießen durfte, jedoch ihr nächster Ehemann von ihr bestimmte Kenntnisse erwarten konnte.

Viele moderne Autoren lassen in ihren Beschreibungen der Ehe- und Familienverhältnisse durchscheinen, dass die Frauen des Mittelalters unmündige, ausgebeutete, hilflos der Willkür einer Männerherrschaft unterworfene Weibchen waren. Eine solche Interpretation der Lage zeichnet jedoch ein falsches Bild. Die gesamte gesellschaftliche Ordnung war anders. Im Mittelalter verlangte es einen Bauern nur im seltensten Fall danach, ein gelehrter Schreiber zu werden und genauso wenig stand einer mittelalterlichen Frau der Sinn nach moderner Emanzipation. Sie wurden in diese Welt hinein geboren und lebten zumeist in Frieden mit ihr. Immer gab es aber einige wenige Frauen, denen eine Ehe unsinnig erschien und diese heirateten dann auch nicht. Was nicht bedeutet, dass sie automatisch in ein Kloster eintraten oder zu Prostituierten wurden, obwohl den meisten ein solches Schicksal beschieden war.

Familiennamen

Im Frühmittelalter hatten die Sippen noch keine Namen. Die Welt in der man lebte, war regional beschränkt und kleinere Hinweise, von welchem „Sigismund“ denn nun die Rede war, dürften zur Unterscheidung der einfacheren Leute genügt haben. Geschlechternamen entwickelten sich zunächst nur im Adel, zumeist gekoppelt an die geographische Herkunft der Familie („Graf von Eckstein“ u.ä.). Zur weiteren Unterscheidung nannte man manchmal noch den Namen des Vaters, eine Tradition, die sich in vielen nordischen Sprachen unserer Zeit noch deutlich heraushören lässt: Gustavsson, Svenson und das schottische „Mac...“ oder das irische „O...“ bezeichnen eine Abstammung des Namensträgers vom vorher oder nachfolgend Genannten. Der durchgängige Gebrauch eines Familiennamens bei Adelsgeschlechtern entsteht im 11./12. Jahrhundert und ist im 13. Jahrhundert allgemein verbreitet. Das aufkeimende Bürgertum in den wachsenden Städten hatte ebenfalls immer stärker das Bedürfnis, sich auch in der Namensgebung voneinander abzusetzen. Die Familie als Keimzelle ihres Lebensalltages sollte auch nach außen durch den Namen kenntlich gemacht werden. Zunächst nannte man sich dabei nach der Profession: Peter der Müller und Eckhard der Schlachter. Da es nur natürlich war, dass ein Sohn den Beruf des Vaters erlernte, wurden diese Namen bald Familiennamen. Mancher, der heute Metzger heißt und Versicherungen verkauft, kann sich also leicht denken, womit seine Vorfahren ihren Lebensunterhalt verdienten.

Doch auch diese Form der Kenntlichmachung reichte bald nicht mehr aus, denn in einer großen Stadt des Mittelalters lebten bestimmt viele mit dem beliebten Vornamen Peter, und von diesen konnten dann möglicherweise fünf Bäcker sein, sodass fantasievollere Namen als Ergänzung zur „Familienerkennung“ entstanden.

Bildung in den verschiedenen Gesellschaftsschichten

Unumstößliche Tatsache bleibt jedoch, dass im weltlichen Lebensbereich der gehobenen Schichten die Frauen öfter des Lesens und Schreibens mächtig waren als die Männer. Junge Adelige begannen früh mit ihrer Ausbildung zum Ritter. Das bedeutete meist körperliche Ertüchtigung und weniger geistige Erbauung. Wohl verstanden sie, ihren Namen zu schreiben und (im Lauf der Jahrhunderte) auch vorgelegte Schriftstücke zu lesen. Dennoch, im seltensten Fall wollte man als verweichlichter Bücherwurm gelten und vertrieb sich statt dessen die „Freizeit“ mit Turnier und Reiterspiel. So außergewöhnlich war es, dass ein Mann sich aufs Lesen verstand, dass es der Dichter Hartmann von Aue in seiner Erzählung „Der arme Heinrich“ aus dem ausgehenden 12. Jahrhundert besonders hervorhob:

„Ein Ritter so geleret was, das er an den buochen las, swaz er das an geschriben vant.“ (Ein Ritter war so gelehrt, dass er an Büchern las, was auch immer er geschrieben fand)

Die Vrouwe hingegen vertrieb sich oft genug die freie Zeit mit Bouch und Saitenspiel. Sie war die Zuhörerin der Sänger und Dichter und ebenso oft Objekt der Dichtung. Die Frauen der anderen sozialen Stände waren sicherlich vergleichsweise geringer gebildet, was allerdings einen Umstand darstellt, der sich bis zur Einführung der Schulpflicht vor nicht allzu langer Zeit gehalten hat. Mit dem Aufstieg des Bürgertums im 13. und 14. Jahrhundert scheint sich jedoch auch deren neu entwickeltes Selbstverständnis in der Ausbildung ihrer Kinder manifestiert zu haben, sodass schließlich Bürgersöhne und -töchter gebildeter gewesen sein dürften als ihre adeligen Pendants.

Bauersleute konnten mit ziemlicher Sicherheit weder lesen noch schreiben. Selten genug wird sich vereinzelt ein Pfarrer oder Grundbesitzer gefunden haben, dessen Augenmerk auf ein besonders aufgewecktes Bürschlein fiel, sodass er beschloss, es zu fördern, also den Burschen in ein Kloster zu schicken oder seine Ausbildung zu bezahlen. Für Mädchen aus dem Bauernstand dürfte diese Möglichkeit hingegen wohl kaum bestanden haben.

Alltagsleben

Tagesablauf

Der Tagesablauf im Mittelalter unterschied sich von dem des modernen Menschen etwas weniger als die meisten anderen Lebensbereiche. Er war natürlich stärker durch den Rhythmus von Sonnenaufgang und -untergang bestimmt als durch das Diktat einer Uhr. Die Tage im Winter waren naturgegeben kürzer als die Sommertage, was jedoch den Tätigkeiten der Menschen durchaus entgegenkam, da man im Winter wesentlich weniger tun konnte als im Sommer und das unabhängig von der Profession.

Nicht nur für die Bauern waren die Wintermonate eher müßig, auch der Kaufmann war in seinen Reisen beschränkt und die Marktfrau hatte weniger feilzubieten. Der Ritter blieb zu Hause und fror in seiner Burg wahrscheinlich mehr als der Bürger in seinem Stadthaus. Feldzüge wurden im Winter nicht geführt, Schlachten nicht geschlagen.

Man stand zumeist mit der Sonne auf. Die erste Mahlzeit des Tages war ein warmes Getränk. Bei wohlhabenden Adeligen und Bürgern Würzwein, bei Arbeitern und Bauern selbstgebrauter Met oder Bier. Kinder haben wahrscheinlich Milch oder Molke getrunken. Tee, wohlgemerkt Kräutertee, war zwar bekannt, wurde aber weniger als Getränk denn als Heilmittel betrachtet und tauchte daher in normalen Speiseplänen nicht auf. Je nach Jahrhundert und Stand der Menschen folgte dann ein Bad. Zu Beginn des 15. Jahrhunderts herrschte ein regelrechter Badewahn; es war ein soziales Zusammenkommen Aller in den Badehäusern, wobei mit der Nacktheit recht ungezwungen umgegangen wurde. So konnte Frau Bürgermeister den Herrn Zunftvorstand durchaus einfach in ihre Wanne bitten, wo sie gegen neun Uhr das Frühstück einnahm, ohne dass dies als übermäßig unanständig gegolten hätte.

Die Frauenhäuser – öffentliche Bordelle – waren Institutionen, die öffentlich und gemeinsam besucht wurden, wobei die Prostituierten nach einem festen Satz abrechneten. Frauen, die ohne städtische Lizenz Hurerei betrieben, wurden empfindlich bestraft. Auch die Badehäuser waren ein Ort der Sinnesfreuden. Man muss sich aber vergegenwärtigen, dass die Lust weder durch die Angst vor der Syphilis noch vor AIDS eingeschränkt wurde.

Aber dies gilt, wie gesagt, nur für die ersten Jahrzehnte des 15. Jahrhunderts. Die aus Amerika eingeschleppte Syphilis beendete das liebenswert naiv-fröhliche Badetreiben am Beginn der Neuzeit für die nächsten zwei Jahrhunderte.

In den allermeisten Fällen begann bald nach dem Aufstehen das Tagwerk. Gegen neun Uhr nahm man das Frühmal ein, eine warme Mahlzeit, die bei einfacheren Leuten aus Getreidebrei und Brot bestand, bei reicheren Zeitgenossen schon mehrere exquisite Gänge umfassen konnte. Die Vesper unterbrach den Tagesablauf ein weiteres Mal, wobei sie zeitlich und in ihrer Bedeutung zwischen Früh- und Abendmahl anzusiedeln ist. Man nahm wieder ein warmes Getränk und zumeist auch etwas Brot zu sich. Die wichtigste Mahlzeit des Tages war das Abendmahl. Je nach Jahreszeit fand es zwischen drei und sechs Uhr nachmittags statt und war die reichhaltigste Mahlzeit des Tages. Nach dem Abendmahl fand sich noch Zeit für ein geselliges Beisammensein aller Familienmitglieder. Bei einer Bauernfamilie bedeutete das, dass jemand Geschichten erzählte oder die Arbeit der nächsten Tage besprochen wurde und im seltensten Fall haben dabei die Hände im Schoß geruht. Vater schnitzte neue Schüsseln und Mutter besserte Kleidung aus, webte oder spann.

Je gehobener der soziale Stand und je voller die Geldkassette des Hausherren, um so feinsinniger dürfte die Abendunterhaltung gewesen sein. Man hatte Gäste, oder man beherbergte für einige Tage einen Sänger. Man bat den Herrn Pfarrer zu Tisch und dieser redete erbaulich von allerlei gebildeten Dingen oder man war selbst durch Bildung und Erziehung in der Lage, Musik zu machen, vorzulesen oder Schach zu spielen. Trotz aller Kurzweil dauerten die Abende nicht lang und man ging, zumeist rechtschaffen müde, vom Tagwerk für unsere Verhältnisse früh zu Bett.

Die Jahreszeiten

Dieser Tagesablauf wurde natürlich, wie bereits gesagt, durch den Lauf des Jahres beeinflusst. Im Winter saß der Bauer größtenteils im Haus und beschäftigte sich mit Ausbesserungsarbeiten und kam der täglichen Versorgung der Viehs nach, während er im Frühjahr zu Zeiten der Aussaat oder im Spätsommer zu Zeiten der Ernte kaum Ruhe gefunden haben dürfte. Man darf aber nicht vergessen, dass allein das Beheizen eines ganzen Hauses eine Menge Arbeit bedeutete, von Instandsetzungsarbeiten

am Haus einmal ganz abgesehen.

Doch nicht allein für den Stand der Bauern bedeutete das Frühjahr den Wechsel von „Müßiggang“ zu reger Betriebsamkeit. Die mittelalterliche Gesellschaft hielt Winterschlaf. Man war durch die Witterung viel stärkeren Beschränkungen unterworfen, als es für uns heute vorstellbar ist.

Man blieb Winters zu Hause und feierte das Frühjahr als das Ende der täglichen Einschränkungen. Unzählige Gedichte sind uns erhalten, die diesen Umstand beschreiben, so zum Beispiel von Walther von der Vogelweide:

„Möhte ich verslafen des winters zait, wache ich die weile, so han ich son nit, daz son gewalt ist so breit und so weit. weizgot er lat ouch dem meien den streit: so lise ich bluomen da reife na leit.“

(Könnte ich nur den Winter verschlafen! So lange ich wach bin, groll ich ihm, weil er so weit und so breit herrscht. Aber, weiß Gott, er wird dem Mai schon noch das Feld räumen. Dann pflück‘ ich Blumen, wo jetzt der Reif liegt.)

Der Jahreskreis im Kalender

Der Lebensalltag der Bauern diente mittelalterlichen Künstlern zur Darstellung des Jahreskreises. Anhand der typischen bäuerlichen Arbeiten des jeweiligen Monates wurden in zwölf Bildern die Monate und das ganze Jahr versinnbildlicht. Diese Darstellungen finden sich als Buchillustrationen, als Kalenderbilder und auch an so hervorgehobener Stelle wie den Wölbungen über Kirchenportalen. Die Bilder zeigen oft dieselben Tätigkeiten: Im April zeigen sie die Schafschur, im Juli die Kornernte oder im Oktober die Weinlese. Der November zeigt oft einen Bauern, wie er die Schweine mit Eicheln, die er mit einem Stock von den Bäumen schlägt, mästet.

Der Dezember ist nahezu immer durch das Schlachten gekennzeichnet.

Weltliche und kirchliche Feste

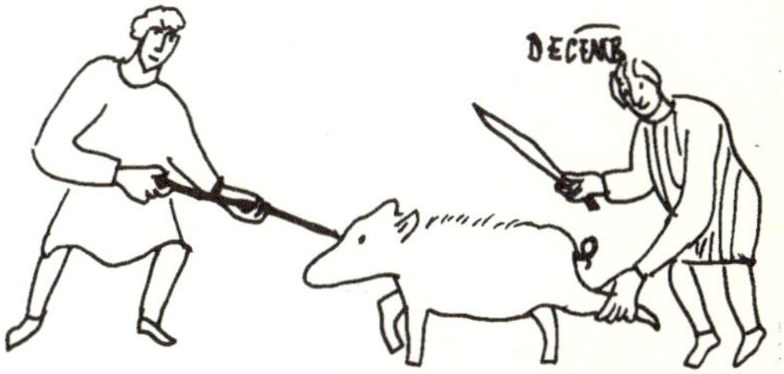

Um die langen Wintertage zu unterbrechen, boten Feste willkommene Abwechslung. Hochzeiten wurden mit Vorliebe spät im Jahr gefeiert, so spät, dass sie niemanden mehr von der jahreszeitlichen

Arbeit abhielten, aber doch früh genug, um das Reisen nicht allzu beschwerlich zu machen; dann eben, wenn sowieso Schlachtzeit war, im November und Dezember. Geschlachtet wurde übrigens traditionell zu Beginn des Winters, weil die angesammelten Vorräte es nur selten erlaubten, alle Tiere über den Winter zu füttern.
Dann gab es selbstverständlich noch die kirchlichen Feste. Weihnachten muss für die tiefgläubigen Menschen des Mittelalters von ungleich größerer Bedeutung gewesen sein, als wir uns heute denken können. Es lag als Fest mitten in einer Zeit, in der man um jede Unterbrechung dankbar war und es war Anlass zu vielen Spielen und Feierlichkeiten. Weihnachten war eine „hohe Zeit", eine Zeit des Feierns.
Der Kalender des Mittelalters unterschied sich nicht allzu sehr von dem unseren. Berechnet wurde das Jahr nach dem julianischen Kalender, der von Julius Cäsar am 1. Januar 45 v. Chr. offiziell in der römischen Welt eingeführt wurde und der das Jahr bereits in 365 Tage nebst Schalttagen unterteilte. Für die Römer bedeutete dieser Kalender eine größere Neuerung. Er entsprach der ägyptischen Zeitrechnung anhand eines Sonnenjahres und löste den römischen, auf einem Mondjahr beruhenden, ab. Der julianische Kalender war im Abendland bis in das Jahr 1582, in Russland – unter dem Einfluss der orthodoxen Kirche – sogar bis 1918 gültig. Erst Papst Gregor XIII. änderte den Kalender geringfügig ab, aber im Prinzip blieben uns sogar die römischen Monatsnamen erhalten. Dennoch nennen wir unsere Zeitrechnung seit 1582 gregorianisch.
Trotz kalendarischer Übereinstimmung mit der Moderne war der Jahreslauf des Mittelalters stärker an das liturgische Jahr, das Kirchenjahr mit seinen Festtagen, angelehnt. Das kirchliche Jahr endet mit dem Tod Christi und es beginnt neu mit dem Fest der Auferstehung des Herrn, Ostern. Vor Ostern war eine Fastenzeit durchaus im Ablauf des Kalenderjahrs sinnvoll, denn nach dem langen Winter waren die Vorräte verbraucht und der beschränkte Speiseplan der Fastenzeit passte sich diesem Umstand an.
Die Zeit zwischen Ostern und Pfingsten war eine Zeit höchster Betriebsamkeit. Die Fastenzeit war vorüber, das große Fest der Auferstehung Christi gefeiert, der Frühling hielt Einzug. Die Menschen gingen zum arbeitsreicheren Teil des Jahres über. Dies war auch die Zeit der Reisen und der Treffen, gesellschaftlicher wie politischer Natur. Kam erst der Sommer, konzentrierte sich alle Welt auf die Ernte, denn sie war wichtig für das Überleben aller.
Ein interessanter Umstand, der beweist, wie sehr sich die Menschen vom Jahreslauf abhängig machten bzw. wirklich abhängig waren, ist, dass Feldzüge und Kriege im Spätjahr unternommen wurden. Die Ernte war unter Dach und Fach, sodass die Versorgung der Truppen einigermaßen gesichert war und die Bauern zur Verfügung standen. Die Bewegung der Truppen war auf Stoppelfeldern wesentlich einfacher als

z.B. auf frisch gepflügten. Krieg fand Ende August bis Anfang Oktober statt. Historiker haben errechnet, dass sich die tatsächlichen Kampfhandlungen im sogenannten Hundertjährigen Krieg zwischen England und Frankreich auf wenige Monate beschränkten!

Kriege

Krieg bedeutete für Alle zu allen Zeiten Tod und Leid. Dennoch war das Verhältnis der Menschen im Mittelalter zu kriegerischen Handlungen anders als das unsere. Feldzüge waren legitime politische Mittel und Gevatter Tod war ein wesentlich akzeptierterer Lebensgefährte als heute. „Ordentlich" geführte Feldzüge wurden von der Bevölkerung hingenommen als Teil des Lebens an sich. Leid und Ursache zur Klage verursachten vor allem marodierende Soldatenbanden. Dieser Umgang mit dem Krieg änderte sich, als die Heere nach und nach immer seltener aus Bauern und Rittern, sondern aus gemieteten Söldnern bestanden. Söldnern, die außerhalb der Kriegszeiten eigentlich nichts zu tun hatten und trotzdem essen mussten. Das Bild des Krieges veränderte sich, wie so vieles, im ausgehenden Mittelalter und heute haben wir das schreckliche Elend des dreißigjährigen Krieges in unserer Vorstellung auf die Kriege des Mittelalters übertragen.

Dabei sahen gerade die Ritter den Krieg eher als (Kampf-) Sport. Natürlich hatte man Angst vor Tod und Verletzung, aber der Tod war allgegenwärtig und man konnte schließlich auch im nächsten Winter an der Grippe sterben. Ohnehin versuchte man im Kampf nicht unbedingt, sich gegenseitig um jeden Preis abzuschlachten.

Es war gang und gäbe, für einen geschlagenen Ritter Lösegeld von seiner Familie zu erhalten, wobei das Geld für einen Lebenden das für eine Leiche um das Zehnfache überstieg. Ein gesundes finanzielles Interesse verhinderte allzu grausame Schlachten. Ritter, die den Kampf überlebten, wurden gefangengenommen und ehrenvoll behandelt, bis sie gegen Lösegeld wieder frei kamen.

Die Frau zu

Kriegszeiten

Die Abwesenheit der Männer von Heim und Herd wirft auch ein Licht auf den Frauenalltag. Waren die Männer fort, scheinen die Frauen deren Aufgaben ganz selbstverständlich übernommen zu haben. Natürlich hing die Freiheit des weiblichen Handelns stark von ihrer sozialen Stellung ab. Das Wort der Bäuerin mag ihre Kinder zur Räson gebracht haben, viel mehr aber auch nicht. Das Wort der Bürgerin bedeutete schon mehr, stand sie doch zumeist einem ganzen Dienstbotenhaushalt vor, hatte Verfügungsgewalt über Angestellte, Familienangehörige und in Vertretung ihres Mannes in gewissem Maße auch über dessen Geschäfte. Die Adelige hingegen verfügte über noch weitreichendere Macht. Sie war von hoher Geburt und hoher Bildung. Sie befehligte nicht allein ihren Haushalt, sondern auch ihre Güter, wenn der Mann nicht anwesend war.

Im frühen Mittelalter war die Kluft zwischen Reich und Arm, zwischen Freien und Unfreien größer. Die Frauen der Adelsschicht hatten größere Freiheiten – noch im germanischen Brauchtum wurzelnd, das sie nahezu gleichgestellt zum Mann gesehen hatte. Im Fortschreiten der Jahrhunderte mit der stärkeren Durchsetzung des christlichen Glaubens gingen viele dieser Freiheitsrechte verloren. Allerdings trat an ihre Stelle, wesentlich wichtiger als zuvor, der Familienverband unter der Vorherrschaft des Mannes. Ohne die Frau jedoch, als Garant für das Fortbestehen der so wichtigen Familie, hätte das System der patriarchalischen Sippschaft nicht funktioniert. Der Mann ehrte also seine Frau als die Mutter seiner jetzigen und zukünftigen Kinder.

Strafen

Die Bestrafung von Gesetzesbrüchen wurde im Mittelalter oft fantasievoll mit dem Vergehen in Verbindung gebracht. Zänkische Weiber z.B. wurden gemeinsam in eine doppelte Schandgeige gesperrt. Wer Anderen Übles nachsagte, musste tagelang mit einer Schandmaske auf öffentlichen Plätzen umhergehen. Eine andere Form der Bestrafung verdankt ihren Namen der Zunft der Brotbäcker – die Bäckertaufe. Bäcker, die sich nicht an die allgemeinen Gewichtsvorgaben für ihr Brot hielten (Übrigens galt dies nicht nur für zu kleine, sondern auch für zu große Brote!) wurden öffentlich mittels galgenartiger Vorrichtungen in Flüssen oder Weihern unter dem allgemeinen Gejohle der Bevölkerung untergetaucht. Man wollte den Mann dabei nicht ertränken, sondern „nur" der öffentlichen Schande preisgeben.

Man verurteilte sogar Tiere, was einen interessanten Einblick in die Rechtsauffassung gibt, dass es eben nicht um die handelnde Person ging, sondern um die Tat an sich. Das mag wiederum die drakonischen Strafen für Verbrechen, wenn schon nicht erklären, so doch verständlich machen: Man folterte und strafte im Prinzip nicht, um den Täter zu sanktionieren, sondern um die Tat zu sühnen. Natürlich wird so mancher Folterknecht dennoch sadistische Züge aufgewiesen haben.

Die Witwe

Die Witwe stand rechtlich besser da als die unverheiratete Jungfer. Die Jungfer wiederum hatte mehr persönliche Rechte als eine verheiratete Frau. Unmündige Kinder gingen in die volle elterliche Gewalt der Witwe über, sofern der Gatte nicht per Testament einen Vormund verfügt hatte. Sie hatte das Erbe in ihrem Besitz und konnte darüber verfügen. Ihre Stellung in der Gesellschaft war als Witwe und Mutter angesehen. Sie hatte etwas zu bieten und konnte – anders als bei ihrer ersten Ehe, die durch die Eltern bestimmt wurde – den zweiten Mann freier wählen oder auch unverheiratet bleiben.
Dieser neu gewonnene Status der Frau wurde im späteren Mittelalter dabei weniger vom Adel geprägt, da die Frauen dieser Schicht immer in einer Sonderstellung gelebt hatten, sondern vielmehr von den Frauen des Bürgertums. Die neue soziale Schicht der Bürger stand zwischen dem Adel und dem Bauernstand. Sie waren frei, oft wohlhabend, nicht selten gebildet und von einem eigenen Stolz auf ihren Stand erfüllt. „Stadtluft macht frei!“ war fast ein Schlachtruf im Mit- und Gegeneinander der Stände. Bürger waren etwas Besonderes und die Frauen der Kaufleute und Handwerker waren sich dessen bewusst. Ihr Alltag war mit Sicherheit schwer. So viele Arbeiten, die in ihren Lebensbereich fielen und die heute von Maschinen erledigt werden, mussten von Hand oft Tag für Tag getan werden.
Vom Waschen über Brotbacken und Bierbrauen, Nähen, Kochen; alles musste selbst gemacht werden. Dazu kam oft genug noch das Spinnen und Weben der Stoffe für die eigene Kleidung.

Junggesellinnen

Trotz dieser für uns hart erscheinenden Lebensumstände herrschte in mittelalterlichen Städten oft ein Frauenüberschuss, so z.B. 1449 in Nürnberg im Verhältnis 100 zu 88, der darauf hinweist, dass auch damals bereits die Frauen eine höhere Lebens-

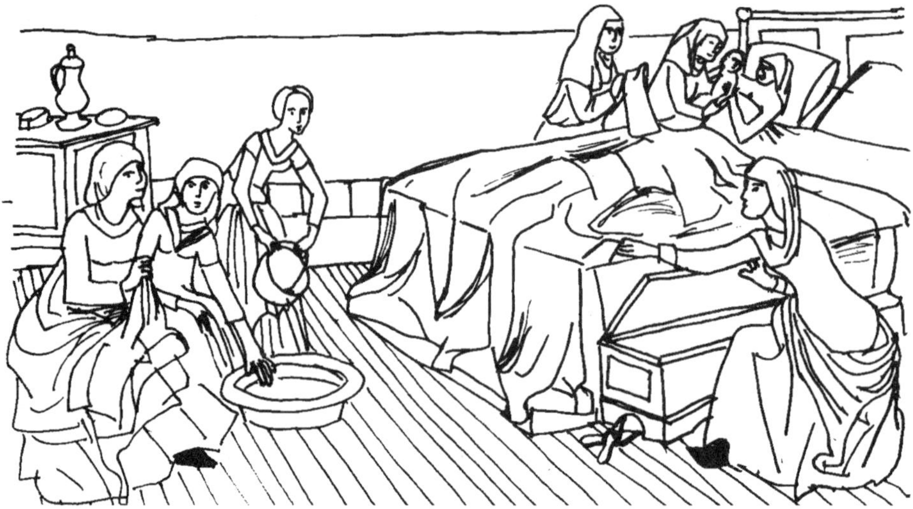

erwartung hatten. Natürlich bedeutete dieser Überschuss auch einen härteren „Konkurrenzkampf" bei der Auswahl von Ehepartnern, und manche Frau wird unfreiwillig unverheiratet geblieben sein. Wollte sie nicht ins Kloster, musste sie sich als Dienstmagd in einem respektablen Haus verdingen oder bei gutsituierten Verwandten unterschlüpfen. Ansonsten konnte sie allzu schnell in die Prostitution abgleiten.

Stadt- und Landleben

Freie Bauern

Neben den Lebenswelten von Mann und Frau wurden Alltag und Erfahrungen des Einzelnen vor allem durch seinen Stand und seinen Lebensraum bestimmt. Die Bauern lebten im dörflich-ländlichen Zusammenhalt. Bauer zu sein bedeutete nicht immer, ein Unfreier zu sein. Es gab freie Bauern, die niemandem Zins oder Steuer schuldeten und die durchaus wohlhabend sein konnten. Es gab auch freie Männer denen kein eigenes Land gehörte und die als Pächter auf eines anderen Mannes Besitz lebten und ihm Abgaben schuldeten.

Leibeigenschaft

Schließlich gab es auch eine große Anzahl unfreier, leibeigener Bauern. Verkauft oder gehandelt wurden Leibeigene selten. Vereinzelt, vor allem in den großen Häfen, wurden einzelne Unfreie aber durchaus auf „Sklavenmärkten" verkauft. Handel mit Menschen im eigentlichen Sinn war jedoch unüblich. Schenkte ein Ritter einem Kloster Land, so gingen auch die darauf lebenden Unfreien in den Besitz des Klosters

über, aber mit Leibeigenen allein gehandelt wurde nicht.
Zumeist waren die Leibeigenen von Geburt an unfrei, es gab aber auch immer wieder Fälle, dass sich ein freier Bauer mitsamt seiner Familie in die Leibeigenschaft eines Herrn begab, da er selbst nicht mehr für die Seinen sorgen konnte und der Herr sie unterhalten musste. Auch in ländlichen Bereichen lebende, verwitwete Frauen gaben sich und ihre unmündigen Kinder oft in die Leibeigenschaft eines geistlichen Herrn, um so dessen Schutz zu genießen, ohne erneut heiraten zu müssen oder das Kloster in Erwägung zu ziehen. Freiheit bedeutete auch freie Verantwortlichkeit, und daher mag mancher die Leibeigenschaft vorgezogen haben.
Natürlich gerieten Menschen auch unfreiwillig durch Schulden in Leibeigenschaft, aber es ergäbe ein falsches Bild der Lage, wollten wir verneinen, dass Leibeigenschaft nicht allein Unfreiheit, sondern auch Sicherheit bedeuten konnte. In einem Dorf herrschte zumeist Arbeitsteilung. Jeder Dorfbewohner hatte seinen Teil an allen anfallenden Arbeiten zu erledigen, sonst wäre beispielsweise in der Erntezeit die anfallende Arbeit kaum zu leisten gewesen. Unfreie Bauern bewirtschafteten einen Teil der Felder meist für sich und ihren Unterhalt, während sie den anderen Teil der Felder für den Herrn bewirtschafteten. Sie konnten auch zu anderen Arbeiten, z.B. bei Bauarbeiten, zur Rodung von Wäldern, als Treiber bei einer Jagd etc. herangezogen werden.
Sie leisteten Frondienste. Fron ist das mittelhochdeutsche Wort für Herr und so wird in der Übersetzung klar, dass das Wort nicht etwa Sklavenarbeit impliziert, sondern Arbeitsleistungen für den Oberherrn. Die Fron war im übrigen gesetzlich festgelegt. Im Frühmittelalter waren etwa zehn Tage pro Jahr üblich, im Spätmittelalter und der Frühen Neuzeit nahm durch die Verarmung der Bauern die Zahl der Frontage bis auf 120 Tage pro Jahr zu.

Lebensgrundlagen

Das Leben der Bauern verbesserte sich im Laufe des Mittelalters. Die Einführung der Dreifelderwirtschaft verbesserte die Erträge und erleichterte so das Leben in seiner Gesamtheit. Die Entwicklung des Handels und das Wachstum der Städte ermöglichten den Verkauf von erwirtschafteten Überschüssen, sodass die Bauern nicht mehr allein Naturalientausch betreiben mussten, sondern Geld besaßen, was es ihnen wiederum ermöglichte, die mittlerweile billiger gewordenen Güter städtischer Produktion zu kaufen.
Jahrhunderte lang änderte sich an der einfachen, groben Tracht der Bauern kaum etwas, da sie ihre Stoffe selbst erzeugen und verarbeiten mussten. Im Laufe des 14. Jahrhunderts jedoch bildet sich immer deutlicher eine Art bäuerliche Tracht heraus.

Der Bauer trägt Beinlinge, später Hosen und Kittel, die Bäuerin Unterkleid, Kleid und Schürze, dazu Hut und Kopftuch. Nicht allein der Bürgerstand entwickelte also ein Selbstverständnis, sondern auch das Bauerntum. Dennoch blieben die Bauern ungebildet und meist auf einen geringen Erfahrungshorizont beschränkt. Auf dem Rücken der Bauern wurden alle sozialen Konflikte ausgetragen, da sie die unterste Schicht in der sozialen Pyramide bildeten. Diese Missstände führen schließlich zu den Bauernkriegen um 1525. Obwohl sich die allgemeine Situation der Bauern verbessert hatte, wurde die Willkür der Herrschenden oft unerträglich. Im Zuge der Glaubenskämpfe, die durch Martin Luther ausgelöst worden waren, erreichte die Schrift „Von der Freiheit eins Christenmenschen“ auch die Bauern, und mit dem Motto „Als Adam grub und Eva spann, wo war denn da der Edelmann“ und dem bäuerlichen Bundschuh auf den Fahnen forderten sie mehr Rechte. Es war ein kurzer Freiheitskampf, der blutig niedergeschlagen wurde, und so veränderte sich an der Situation der Bauern noch lange nichts zum Positiven.
Mehr als bei allen anderen Menschen des Mittelalters ist der Alltag des Bauern vom Wechsel der Jahreszeiten abhängig. Vom ersten Nachlassen des Frostes im Frühjahr bis hin zu dessen Wiederkehr im Herbst musste der Bauer hart arbeiten, um seinem Tagwerk nachzukommen, im Winter hingegen war er im Vergleich dazu nahezu zur Untätigkeit verdammt. Selbst in den arbeitsreichen Monaten blieb immer noch genug Zeit, um sich Sorgen zu machen. Sorgen, ob der Sommer zu trocken oder zu nass war, ob ein letztes Sommergewitter die Ernte vernichtete oder gar ein Waldbrand die Existenz bedrohte.

Stadtluft macht frei

In der Spätantike, im Zuge des Niedergangs des römischen Reiches, starben auch die großen Städte der Römer. Errungenschaften städtischer Zivilisation und viele Handelswege gingen verloren. Erst das durch Karl den Großen errichtete Reich stellte zumindest einen Teil der alten Ordnung wieder her, aber trotz aller Errungenschaften war man noch ein ganzes Stück von den großen urbanen Leistungen der Römerzeit entfernt. Seine Nachfolger auf dem Kaiserthron taten ein Weiteres, die Kultur des Mittelalters festigte sich, eine Stabilität der Lebensweise entstand und nach und nach erlangte man die alten Verbindungen zurück. In manchen Fällen reichten die Handelswege im Mittelalter schließlich sogar weiter als zuvor in der Antike.
Im 12. Jahrhundert begann der Handel zu blühen. Die „alten“ Bischofsstädte, oft noch innerhalb alter römischer Siedlungen gebaut, bekamen auf einmal Konkurrenz von neuen aufblühenden Handelszentren. Städte entstanden oft um Herrensitze herum, doch sie sahen sich bald unabhängig von einem Feudalherrn. Die Handwerker

und Patrizier, sogar die einfachen Arbeiter, waren nahezu alle Freigeborene, und der Ruf „Stadtluft macht frei" zog so manchen Unfreien in die Stadt. Lebte er hier Jahr und Tag, im wörtlichen Sinn, wurde er zu einem freien Mann!

Kirchenbau

Der Stolz auf ihre Städte und ihre Leistungen ließ die Menschen vielerorts große Kirchen zum höheren Ruhm Gottes erbauen. Aber auch als äußerliches Symbol der Größe und des Reichtums einer Stadt entstanden und standen die gotischen Kathedralen im Mittelpunkt der Städte. Die Bauhütten ernährten manchmal ganze Generationen von Handwerkerfamilien. Nahe der Kathedralen, ebenfalls inmitten der Städte, entstanden außerdem die Rathäuser, ein weiteres Zeichen der Selbstverwaltung der meisten Städte.

Maerkte und Messen

Ortsansässige Feudalherren hatten sich nur allzu bald mit einem eigenwilligen Rat aus angesehenen Patriziern und deren Oberhaupt, dem Bürgermeister, herumzuärgern. Die großen Kirchen und wachsenden Städte zogen bald mehr als nur die lokalen Bauern und Kaufleute an. Zu festen Terminen gab es in jeder Stadt große Märkte, regelmäßige Messen, auf denen zu kaufen war, was die mittelalterliche Welt an Konsum- und Luxusgütern kannte und dies war nicht wenig. Vor allem nach den Kreuzzügen und dem dadurch entstandenen Kontakt zum Orient kam ein nicht enden wollender Fluss von Kuriositäten und reinem Luxus in die Städte, gegen den die Pfaffen selbstverständlich wetterten, der aber nichtsdestotrotz seinen Siegeszug durch die deutschen Lande hielt.

Jeder, der es sich leisten konnte, wollte alsbald Tischtücher nach arabischer Sitte. Glas war eine wundervolle Kostbarkeit, die sich nur die Allerwenigsten leisten konnten. Seide und Samt und all die Gewürze aus Indien beflügelten die Konsumwut der Städter. Das Leben war so aufregend wie nie zuvor, die Stadt ein pulsierendes Zentrum der Kultur. Schulen entstanden, und der stolze Bürger schickte seine Kinder zum Unterricht. Schließlich war dies auch die große Zeit der Universitätsgründungen.

Die Zuenfte

Doch auch hier, im städtischen Allerlei, gab es große Differenzen zwischen Arm und Reich. Die Kaufleute zählten mit Sicherheit zu den wohlhabendsten Bürgern, deren Häuser groß und prächtig im Innern der Städte lagen, nahe dem Marktplatz und dem Rathaus. Die „Mittelschicht" der Städte bildeten die Handwerker. Nach Lehre und Gesellenzeit suchten sie oft feste Anstellung und versuchten einen Meistertitel zu

erlangen. Als Zunftmitglieder waren sie zumeist recht gut versorgt. Man hatte zwar auch Abgaben an die Zunft zu zahlen, aber aus diesen Geldern bestritt die Zunft unter anderem eine Witwen- und Waisenunterstützung. Es gab natürlich erhebliche Unterschiede im sozialen Rang und Einkommen eines Zunftmeisters und eines angestellten Gesellen, und dennoch: Hatte man etwas gelernt und eine Anstellung, so war man jemand.

Der Weg zum Handwerker war lang. Meist in sehr jungen Jahren, mit 13 oder 14, wurden die Knaben vom Vater einem Lehrmeister übergeben. Dazu hatte der Vater ein Lehrgeld an den Meister zu zahlen. Der Meister hingegen verpflichtete sich, den Lehrjungen in der oft bis zu acht Jahre dauernden Lehrzeit zu unterhalten, zu erziehen und zu unterrichten. Es gab genaue vertragliche Vereinbarungen, wie viel des gezahlten Lehrgeldes der Vater zurückerhielt, falls der Sohn während der Lehrzeit verstürbe, abhängig davon in welchem Jahr das Unglück geschähe, aber ebenso, wie viel Strafe der Vater zu zahlen habe, falls der Lehrbub dem Meister fortliefe. Der Meister nahm seinen neuen Lehrling dann bei sich auf, nahm ihn mit zum Gildenhaus, wo der Knabe in Anwesenheit aller Meister seines zukünftigen Handwerks schwören musste, der Zunft gut zu dienen. Sein Name wurde neben dem seines Meisters in die Listen eingetragen und seine Lehrzeit begann. Sie endete, wenn er sein Gesellenstück ablieferte und von seinem Meister freigesprochen wurde. Danach begab er sich als Handwerksgeselle auf Wanderschaft, um in anderen Städten unter den dort ansässigen Meistern zu lernen und sein Wissen zu erweitern. Unterwegs suchte er dabei die Herbergen, die durch seine Zunft unterhalten wurden, auf. Nur hier sollte er übernachten.

Kehrte er schließlich in seine Heimatstadt zurück oder erwählte er eine andere Stadt zu seiner Heimat, versuchte er meistens, selbst den Meistertitel zu erlangen, wozu er ein Meisterstück fertigen musste, welches wiederum die versammelten Meister begutachteten. Schließlich stellte der Zunftvorstand die Frage, ob einer der Anwesenden etwas gegen den jungen Mann vorzubringen wüsste. Wurde dies verneint, nahm man den Gesellen als Meister in die Zunftlisten auf.

Die Bestimmungen der Zunft waren streng. Aus mehreren Städten haben sich Zunftbestimmungen erhalten, in denen der Zunftvorstand mehrere Meister zu Aufsehern bestimmte. Sie hatten regelmäßig die anderen Mitglieder zu überprüfen, ob deren Ware den Bestimmungen entsprach. So wurde z.B. festgestellt, ob ein Bäcker seine Brote zu leicht verkaufte oder ein Metzger schlechtes Fleisch anbot. Vergehen wurden durch Geldstrafen geahndet oder konnten sogar den Zunftausschluss bedeuten.

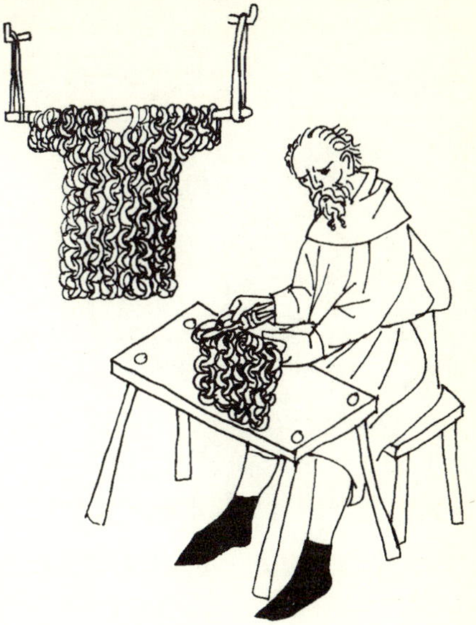

Des weiteren gab es ganze Verhaltenskataloge, die z.B. das Verhalten von Lehrlingen gegenüber den Gesellen und das der Gesellen gegenüber den Meistern regelten. Es gab Listen, welcher Meister im Notfall wie zu bewaffnen sei, und es bestand ein Zunftzeughaus, das durch die Meister verwaltet wurde. Aus den Einkünften der Zunft wurde auch die Witwen- und Waisenunterstützung gezahlt oder erkrankte Mitglieder unterstützt. Es war also von großer Bedeutung und mit vielen Vorzügen verknüpft, als Meister in eine der Zünfte aufgenommen und mit ebenso vielen Nachteilen aus einer ausgestoßen zu werden. Ein Handwerk auszuüben ohne Zunftmitglied zu sein, war überhaupt nicht möglich.

Handwerksberufe

Die meisten Menschen in einer mittelalterlichen Stadt waren Handwerker und deren Familienmitglieder. Die Handwerksberufe waren im großen und ganzen noch dieselben, die wir heute kennen. Es gab im Bereich der Metall verarbeitenden Handwerke eine große Bandbreite: Den Gold- und Silberschmied, den Kupfer-, Huf- und Grobschmied, den Spengler und den Drahtzieher.

Manche, heute nahezu ausgestorbene Berufe waren im Mittelalter ungleich wichtiger als heute und zahlreicher vertreten, da sie den täglichen Bedarf einer ganzen Stadt zu decken hatten: Töpfer oder Kesselmacher und andere waren unverzichtbare Handwerker, ohne deren Produkte die alltägliche Arbeit sicher noch langwieriger und anstrengender gewesen wäre.

Von dem Grafiker Jost Amman kennen wir sein 1568 erschienenes „Ständebuch“, das sicher – zeitlich gesehen – nicht mehr ganz zum Mittelalter zu rechnen ist, aber die schönsten Bilder aller Stände der Frühen Neuzeit in Wort und Bild zeigt. In diesem Buch werden nicht nur Handwerksberufe vorgestellt, sondern auch die sozialen

Schichten dargestellt. Wir finden die Geistlichen, den Adel, gefolgt von den gelehrten Berufen des Doktors und des Apothekers und natürlich auch solchen Handwerkern, die wir heute als Künstler bezeichnen würden, wie z.B. dem „Handmaler" (Maler) oder dem „Reißer" (Kupferstecher). Schließlich zeigt Ammans Buch auch den Kaufmann und alle bis dato bekannten Handwerksberufe, die zum Schluss noch von Musikern, Spielleuten und Bettlern vervollständigt werden. Die Bilder sind detailliert in ihrer Ausführung und zeigen die Dargestellten in der für ihre Profession typischen Umgebung, beschäftigt mit ihren alltäglichen Pflichten. Beigegeben sind den Bildern achtzeilige Sinngedichte, die das Gezeigte erläutern. In diesem Reichtum der Darstellung finden sich für den Freund des Mittelalters genügend Hinweise, wie das Handwerk wohl auch im Hoch- und Spätmittelalter ausgesehen hat.

Arbeiter und unehrliche Handwerke

Es gab jedoch auch in der Stadt ungelernte Arbeiter, Tagelöhner und auch Handwerker, die durch schlechte Erzeugnisse oder unglückliche Umstände, wie etwa Krankheit, arbeitslos wurden. Und nicht zu vergessen ein großes Kontingent an professionellen Bettlern, Dieben, Prostituierten und Gauklern. Die sozialen Unterschiede des Mittelalters waren groß. Geburt und Besitz kennzeichneten den Menschen stärker als heutzutage, und die Gesellschaft war weniger durchlässig für Karrieremenschen. Dennoch gab es die sozialen Aufsteiger. Zu solch einer Karriere bestanden in der mittelalterlichen Stadt mehr Möglichkeiten als im dörflichen Ambiente.

Kaufmannschaft

Neben den Handwerkern lebten die mächtigen Kaufleute in der Stadt. Sie beherrschten die Städte und wurden zum „Bürgeradel", zu Patriziern. Ihre weitreichenden Verbindungen durch den Fernhandel und ihre meist guten Einkünfte ermöglichten den Kaufleuten sowohl größtmögliche Bildung als auch den Zugang zu politischer und wirtschaftlicher Macht. Viele Städte erkämpften sich unter der Führung ihrer Patrizier das Recht zur Selbstverwaltung. Ihrer Stellung bewusst regierten die Patrizierfamilien die Städte zunächst allein, nur um sich schließlich mit den gutorganisierten Handwerkern konfrontiert zu finden. So geschehen z.B. am Abend des 22. Oktobers 1368 in Augsburg. Die Handwerksmeister hatten sich bewaffnet und sorgten so zugleich für Aufruhr unter den Ihrigen, doch für Ruhe in den Straßen. Sie rissen die Ratsherren aus dem Schlaf und zwangen sie zu einer Versammlung, in deren Verlauf sie ihre Forderungen darlegten. Da sie durch ihrer Hände Arbeit und die daraus gezahlten Steuern die Stadt ihrer Meinung nach reich gemacht hatten, wollten sie auch an der Regierung beteiligt sein. Sie sprachen den Ratsherren nicht ab, die Stadt gut regiert zu haben, allerdings forderten sie ein Mitspracherecht. Nach längeren Diskussionen sahen die Ratsherren diese Forderungen ein und beteiligten fortan die Handwerksmeister an der Regierung ihrer Heimatstadt. Im Rat der Stadt Augsburg saßen so schließlich 29 Zunftmitglieder und 15 Patrizier. Auch in Lübeck, Braunschweig und mehreren anderen Städten erhoben sich die Handwerker und es wurden gleichberechtigte Stadträte gebildet, während anderorts die Patrizier das alleinige Regierungsrecht auch weiterhin behielten und wieder andere Städte noch unter der Oberherrschaft eines geistlichen oder weltlichen Herrn standen.

Universitaeten

Mit den Städten entstanden auch die Universitäten. In Klöstern hatte es schon immer „Schulen“ gegeben. Mönche waren an allen Höfen als Lehrer junger Adeliger, als Rechts- und Schriftgelehrte tätig. Die stetig wachsende Gesellschaft des Mittelalters hatte jedoch ein immer größeres Bedürfnis nach Gelehrten jeder Art, sodass die Klosterschulen bei Weitem nicht mehr ausreichten. Die wachsende Kenntnis der bewohnten und zivilisierten Welt durch Fernhandel und Pilger, durch Kreuzzüge und schließlich durch die großen Entdeckungsreisen führten ebenfalls dazu, dass der Mensch forschender und fragender mit den überlieferten Texten der Schriftgelehrten umging, als es manchem Klosterlehrer lieb gewesen sein mag. Es entstanden die Universitäten, die zugleich der Stolz aber auch der Zankapfel vieler Städte waren. Man war stolz, da die Universität das Ansehen einer Stadt hob, die vielen gelehrten Doktoren von Menschen um Rat ersucht wurden und die Studenten Geld in Umlauf brachten. Die Studenten und ihr oft ausfallendes und unmäßiges Betragen führten dagegen immer wieder zu Streitigkeiten zwischen den Stadtoberen und dem Universitätskanzler.

Stellung der Universitaet

Bis zum Ende des 12. Jahrhunderts lag das Bildungswesen allein in den Händen des Klerus. Danach begann der langsame aber stetige Aufbau weltlicher Schulen und Universitäten, sodass bis zum Ende des 15. Jahrhunderts in ganz Europa 75 Universitäten gegründet worden waren. Die ersten wurden in Bologna und Paris ins Leben gerufen. Im Jahr 1348 gründete Karl IV. schließlich die erste Universität des deutschen Reiches in Prag. Karl selbst hatte in Paris studiert und nahm die dortige Universität als Vorbild für seine Gründung. Die Universität erhielt ihr eigenes Recht, war frei von Regierung durch die Stadt und deren Rechtsprechung; sie verwaltete alle ihre Angelegenheiten selbst.

Die sich rasch versammelnden Studenten organisierten sich nach ihren Heimatländern in Gruppen, in denen sie auch zusammen wohnten. Diese Gruppen hießen Nation und so gab es die Bayerische Nation, zu der z.B. alle Studenten aus Süddeutschland und der heutigen Schweiz gehörten, und die Sächsische Nation, der sich alle Norddeutschen und skandinavischen Studenten anschlossen. Zur Polnischen Nation gehörten alle Schlesier, Meisner und Thüringer, und zur Böhmischen zählten sich auch die Ungarn. Diese Nationen sind die Ursprünge noch heute bestehender studentischer Burschenschaften, obwohl Bestimmungen und Traditionen der heutigen Burschenschaften meist sehr von denen der mittelalterlichen Nationen abweichen. Die Intention war jedoch dieselbe: Fern der Heimat wollte man dennoch einen Zusammenhalt mit Menschen gleicher Herkunft schaffen, um Halt in einer Gemeinschaft zu finden, nachdem man aus dem so wichtigen Familien-, Sippen- oder Zunftverband herausgerissen worden war. Die Nationen waren manchmal gut Freund miteinander, sich aber auch oft spinnefeind und ihre Rivalitäten führten zu Unruhe und Aufruhr.

Die Sieben Freien Kuenste

Die Universität in Prag wuchs und gedieh. 1375, 27 Jahre nach ihrer Gründung, zählte man bereits 10.000 Studenten, zu denen noch der Lehrkörper, dessen Angestellte und Bedienstete kamen. Die Universitäten waren fast eine Stadt innerhalb der Stadt.

Vom Wortstamm her bedeutet das Wort universitas Gemeinschaft, die Gemeinschaft der Lehrenden und der Studierenden. Das Studium unterschied sich dabei wesentlich von den Studienfächern heutiger Universitäten. Jeder Student begann seine Universitätslaufbahn mit dem Studium der Philosophie. Unter dieser Studienrichtung versammelten sich im mittelalterlichen Verständnis die sogenannten sieben Freien Künste: Grammatik, Rhetorik, Dialektik, Arithmetik, Geometrie, Musik und Astronomie. Die ersten drei wurden zum sogenannten Trivium zusammen gefasst. Erst nachdem dieses als absolviert galt, konnte der Student die folgenden vier, im Quadrivium zusammen gefassten Studienfächer in Angriff nehmen. Das Studium der sieben Künste fand anhand der überlieferten klassischen wie auch zeitgenössischen Texte statt. Bücher waren ein kostbares und rares Gut, sodass ein Großteil des Studiums im Auswendiglernen ganzer Textpassagen bestand.

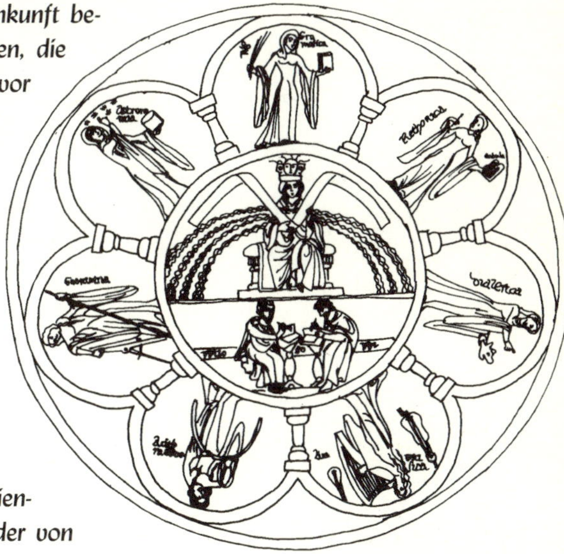

Dass die Studenten bei ihrer Ankunft bereits ausreichend Lesen, Schreiben, die Grundzüge des Rechnens und vor allem auch Grundkenntnisse der lateinischen Sprache beherrschten, war Voraussetzung. Das Studium der Philosophie dauerte durchschnittlich sechs Jahre und ermöglichte das weitere Studium von Jura, Medizin oder auch Theologie, welches nochmals bis zu 13 Jahre in Anspruch nehmen konnte, bevor man den Titel eines Magisters führen durfte. Diese lange Studienzeit führte dazu, dass manche der von

Haus aus finanziell weniger gut gestellten Studenten das Studium immer wieder unterbrechen mussten, um sich als Schreiber, Hauslehrer oder fahrende Sänger Geld zu verdienen. Die Universitäten blühten im hohen Mittelalter, verkümmerten jedoch im Spätmittelalter, da die gelehrten Doctores allzu verknöchert auf ihren Privilegien beharrten. Erst die großen Entdeckungsreisen der beginnenden Neuzeit regten neuen Forschergeist an, und die Universitäten begannen erneut, ein Zentrum für Lehre und Forschung zu sein.
Der Titel des Magisters ist im Mittelalter oft identisch mit dem von uns heute verwendeten Doktortitel. Die eigentliche Verleihung des Titels war im Spätmittelalter eine teure Angelegenheit. Der Student, dem der Titel verliehen werden sollte, musste für die Professoren ein Festmahl veranstalten und man erwartete, dass er den Doktorvater, dessen Frau und weitere Universitätsvorstände reich beschenkte.

Ritter

Die Burg

Der ursprüngliche Lebensraum des Adeligen war sein Stammsitz, seine Burg. Die ersten Burgen waren dabei nicht sehr viel mehr als massive Wohntürme auf Hügeln, die mit Palisaden umgeben waren und Verteidigungs- oder Rückzugsmöglichkeiten boten. Die Burg war aber auch Fluchtburg für die in der Umgebung siedelnden Bauern im Falle eines Angriffs. Im Lauf der Jahrhunderte wurden zunächst die Wohntürme ausgebaut, die Palisaden durch Maueranlagen ersetzt, mehr steinerne Türme erbaut und nach und nach weitere Gebäude hinzugefügt. Dabei waren die Burgen und die dazugehörigen Ländereien den Adeligen lediglich als Lehen vom König gegeben. Der sog. Vasall des Königs, ein keltisches Wort, das soviel wie Diener bedeutet, war diesem als eine Art Verwalter im weiteren Sinne verpflichtet. Bereits im 9. Jahrhundert jedoch wurden die Lehensgüter erblich und mit der Übernahme des Landes in den Familienbesitz bestand für die Herrschenden ein größeres Interesse, ihre Burgen zu mächtigen und repräsentativen Familiensitzen auszubauen.

Ulrich von Hutten, Ritter und Dichter schrieb um 1500:
„Steht auf einem Berge oder einer Ebenen eine Burg, so ist sie auf jeden Fall nicht für die Bequemlichkeit, sondern für

die Wehr erbaut. Mit Gräben und Wällen umgeben, innen von bedrückender Enge, zusammengepfercht mit Vieh und Pferdeställen, dunkle Kammern, vollgestopft mit schweren Büchsen, Pech, Schwefel und allem übrigen Waffen- und Kriegsgerät. Überall stinkt es nach Schießpulver, und der Duft der Hunde und ihres Unrats ist auch nicht lieblich, wie ich meine. Und welch ein Lärm! Da blöken die Schafe, brüllt das Rind, bellen die Hunde, auf dem Feld schreien die Arbeiter, und Wagen und Karren knarren vorbei. Von den Wäldern her hört man Wölfe heulen."

Die Burg war der Mittelpunkt des ritterlichen Lebens, auch wenn es dem Dichtergemüt zu laut und zu lebhaft war. Hier spielte sich, vor allem in den ländlicheren Gebieten, der Alltag in seiner ganzen lebhaften Farbenpracht ab. Die Erziehung der männlichen Erben bestand aus der „schulischen" Bildung, die durch einen Priester oder Hauslehrer erfolgte, der auf größeren Adelssitzen direkt am Hof lebte, oder durch den Dorfpfarrer. Die Knaben wurden aber vor allem im Waffenhandwerk unterrichtet. Dafür wurden sie gewöhnlich als Pagen zu befreundeten oder „alliierten" Edelleuten gegeben, wo sie dann zum Knappen eines Ritters aufstiegen und schließ-

lich selbst zum Ritter geschlagen wurden.
Mit dem Titel Ritter verband sich dabei im Verständnis des hochmittelalterlichen Menschen nicht allein ein Adelstitel, sondern eine ganze Lebensart. Der Ritter hatte Verantwortung zu tragen: Er musste für Recht und Ordnung sorgen, die Schwachen und Verfolgten beschützen; er hatte ein Muster an Sitte und Anstand zu sein, ein Vorbild an höfischen Manieren, ganz besonders im Umgang mit den Damen.

Die Minne

Die vielzitierte Minne, eine der bekanntesten Eigentümlichkeiten des Rittertums, entstand im Laufe des 12. Jahrhunderts und fand im 13. ihre schönste Ausprägung. Minne bedeutete den Dienst für eine Dame. Das mittelhochdeutsche Wort bedeutete dabei zunächst nichts anderes als „Gedenken“, veränderte seine Wortbedeutung aber zu „liebendes Gedenken“ und schließlich zu „Liebe“. Der Minnedienst war ein Liebesdienst, wobei im eigentlichen Sinn der Hohen Minne diese Liebe rein, d.h. unerfüllt und unerhört zu bleiben hatte. Die Herren Ritter, selbst zumeist verheiratet, reisten zu den Burgen anderer Adeliger, um sich einer Dame als Diener anzubieten. Dabei trieben sie allerlei ungewöhnliche Dinge. Für eine Dame zu dichten, ihr mit Lied und Erzählung die Zeit zu vertreiben, mag ja noch angehen.

Es erscheint uns heute auch noch einsichtig, dass die edlen Herren in den Farben der Angebeteten ins Turnier zogen. Dass aber eine ganze Mode daraus entstand, dass die Damen den Rittern ihre Kleiderärmel schenkten, zeigt schon, wie weit die Minne die Gesellschaft beeinflusste. Im 13. Jahrhundert wurden die Ärmel der Frauenkleider immer seltener angenäht, sondern vielmehr angenestelt, d.h. mit Bändern angeschnürt, um so problemloser ausgetauscht werden zu können. Aus Kleiderinventaren – erstellt z.B. zu Hochzeitsfeierlichkeiten, um die Aussteuer aufzulisten – wissen wir, dass es zu einem Kleid 32 Paar Ärmel geben konnte. Auf dem Turnierplatz nestelten die Damen also ihre Ärmel los und die Herren steckten sie sich vorn ins Hemd. Wurde der Ritter verletzt und der Ärmel blutbefleckt, erhielt ihn die Dame zurück, nicht etwa um ihn zu flicken und zu waschen, sondern um ihn nun ihrerseits am Herzen zu tragen!

Schönheitsoperationen sind übrigens auch keine Erfindung unserer modernen Zeit. Ulrich von Liechtenstein, Landeshauptmann der Steiermark im 13. Jahrhundert, Minnedichter und Minnesüchtiger, ließ sich die Hasenscharte operieren, nur um seiner Angebeteten besser zu gefallen. Operationen bedeuteten im Mittelalter kein geringes Risiko und sich einer solchen lediglich aus kosmetischen Gründen zu unterziehen, war mehr als leichtsinnig und unvernünftig. Auch wer glaubt, das „Badewasser zu saufen“ sei eine Erfindung der modernen, deutschen Popkultur (Eine Liedzeile aus dem 1995 populären deutschen Liedchen „Schwester, Schwester“ der Sängerin Sabrina Setlur lautet: „Du bist ein Babe, ich will dein Badewasser saufen“.), hat weit gefehlt: Derselbe Ulrich von Liechtenstein trank das Badewasser seiner Angebeteten, um seine Verehrung für sie unter Beweis zu stellen. Verschmäht hat sie ihn dennoch. Ganz so unschuldig wird die Verehrung auch nicht immer gewesen sein. Minnedichtung und historische Fakten sprechen dafür, dass ein fleißiger Minnediener durchaus erhört werden konnte. Man betätigte sich in der Niederen Minne und gab sich fleischlichen Lüsten hin. Für die Dame war das nicht ganz ungefährlich. Nicht allein, dass man ungewollt schwanger werden konnte; wurde man beim Ehebruch ertappt, hatte der gehörnte Ehemann das Recht, die Ehebrecherin an Ort und Stelle zu erschlagen. Den beteiligten Rittersmann ließ man dabei ungeschoren, war er doch in dieser prekären Situation meist nackt und unbewaffnet, sodass es die Ritterehre verbot, ihn mit Waffengewalt anzugreifen!

Alltag

Der Alltag von Burgherr und Burgherrin war genauso von Arbeit erfüllt, wie der ihrer Zeitgenossen. Zwar wird die hochgestellte Vrouwe selten harte Arbeit verrichtet haben, aber sie hatte einen nicht kleinen Haushalt zu verwalten und zu organisieren. Ihr Gatte, der Here, hatte Recht zu sprechen und sein Gut zu verwalten und so werden die beiden im Großen und Ganzen wenig Zeit für „Hobbys“ gehabt haben. Der schwere und wenig abwechslungsreiche Alltag des Mittelalters ist wahrscheinlich einer der Hauptgründe für die Ausgelassenheit an Festtagen. Die Men-

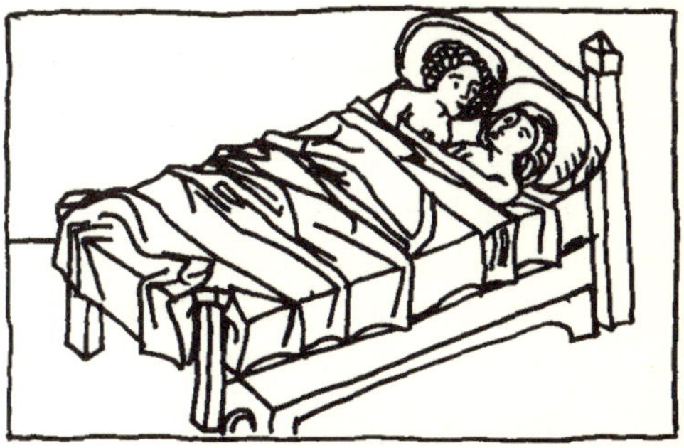

schen lechzten förmlich nach Zerstreuung und Ablenkung von den alltäglichen Pflichten.

Kloester

Im 12. Jahrhundert gab es in West- und Nordeuropa über 2000 Klöster. Darunter auch große, mächtige Klosteranlagen, die kleinen Städten gleichen konnten. Die Klöster besaßen Land und vielerorts war der Herr der angesiedelten Menschen ein Abt oder Bischof, deren weltliche Macht den Rittern, Herzögen oder Fürsten in nichts nachstand.

Klosterhierarchie

Die im Kloster lebenden Mönche oder Nonnen lebten innerhalb einer ebenso strengen Hierarchie wie die Menschen außerhalb der Klostermauern. Es gab die einfachen, relativ ungebildeten Laienbrüder, dann die Mönche und an deren Spitze schließlich den Abt.

Die Novizen, die in das Kloster eintraten, kamen aus verschiedenen Gründen. Es gab mit Sicherheit Menschen, die das Kloster aus echter Religiosität als ihre Lebensform wählten. Oft wurden jedoch bereits Kinder einem Kloster versprochen, als Buße der Eltern für eine Sünde oder als „Unterpfand“ für des Seelenheil der Eltern. Jüngere Söhne kinderreicher Adelsfamilien sahen im Kloster die einzige Chance eine Karriere zu machen. Wenn es denn schon keine weltliche als Ritter sein konnte, dann doch wenigstens eine geistliche Laufbahn als Priester, Bischof oder sogar als Kardinal. Für manche Frauen bedeutete das Kloster Flucht vor einer ungewollten Ehe oder für Witwen die Möglichkeit, relativ unabhängig und unverheiratet alt zu werden. Klosteralltag

Das Klosterleben ging nach einem strengen Stundenplan vor sich. Um zwei Uhr nachts wurde die Nachtruhe der Mönche zum ersten Mal unterbrochen. Man versammelte sich zum Morgengebet, zur Laudes. Auf diese folgte zur ersten Stunde des Tages das Prim genannte Gebet. Danach gab es ein leichtes Frühstück und das Tagwerk begann. Über den Tag verteilt folgten mehrere Gebete bis zum Gebet am späten Nachmittag, der Vesper. Nach der Vesper nahmen die Mönche die Hauptmahlzeit des Tages ein, auf die man das Completorium, das Abendgebet betete und sich zu Ruhe begab.

Jeder der im Kloster Lebenden musste Latein lernen, da alle Gebete in dieser Sprache verrichtet wurden. Während der Mahlzeiten versammelten sich die Mönchen im Refektorium, wo jeden Tag ein Kapitel aus der Klosterregel vorgelesen wurde.

Jeder Mönch hatte ein fest zugewiesenes Arbeitsgebiet, dem er während der Tages-

stunden nachging. So gab es den Bruder Koch, genauso wie den Bruder Gärtner oder Krankenpfleger. Zu den großen Klosteranlagen gehörten außer den für die Mönche oder Nonnen notwendigen Gebäude fast immer eine Bibliothek, Schreibstuben, Schulräume, Spitäler und Gästehäuser. Für vornehme Gäste (vor allem Frauen) war es bequemer und sicherer auf Reisen im Gästehaus eines Klosters einzukehren, als in Herbergen.
Das Bewahren und Kopieren von Büchern gehörte mit zu den wichtigsten Aufgaben der mittelalterlichen Klöster. Vor allem im Frühmittelalter wären wohl unschätzbare Texte des Altertums verloren gegangen, wären sie nicht durch Klosterbibliotheken bewahrt und immer wieder kopiert worden.

In einer dieser Alltagswelten lebten die mittelalterlichen Menschen. Die Meisten blieben dabei an dem ihnen durch ihre Geburt zugefallenen Ort und sozialen Stand. Die Geburt stellte den Menschen an den – in ihrem Verständnis – rechtmäßigen Platz; der Tod beendete das Erdendasein und ermöglichte den Zugang zu ewiger Glückseligkeit oder zu immerwährender Verdammnis. Das Leben war meistens arbeitsreich und schwer, und das waren damit einige der wenigen Konstanten in einer Welt, die ständig durch Hungersnöte, Krankheiten oder Kriege bedroht wurde. Die Menschen aber nahmen diese Wechselfälle des Lebens hin und nutzten ihre wenigen, von keinen Sorgen bedrückten Stunden vielleicht unbeschwerter, als wir es heute vermögen.

Die Schrift im Mittelalter

Mittelalterliche Schriftstücke und Bücher werden nicht nur durch die oft reiche Ausstattung und ihren Inhalt bestimmt, sondern auch durch die Schrift selbst. Jedes Jahrhundert des Zeitraumes, den wir zum Mittelalter rechnen, entwickelt die bereits aus der Antike bekannten Schriftarten weiter und besitzt zumeist ein oder zwei mit Vorliebe verwendete Arten, die es dem Historiker ermöglichen, ein Schriftstück auch anhand seiner Schrift zu datieren.

Schriftarten

Majuskeln und Minuskeln

Wichtige Begriffe, die sich immer wieder im Zusammenhang mit Schriftarten finden, sind Majuskel *und* Minuskel, *welche zunächst einfach nur Groß- bzw. Kleinbuchstabe bedeuten. Manchmal gingen diese Begriffe auch auf ganze Schriftarten über. Hier bezeichnet man solche, die lediglich aus Großbuchstaben bestehen (wie z.B. die* römische Capitalis*) als Majuskeln, Schriftarten, die auch Kleinbuchstaben verwenden (wie z.B. eine gotische* Fraktur*) als Minuskeln. Eine der bekanntesten Schriften des frühen Mittelalters heißt demnach auch* Karolingische Minuskel.

Capitalis

Ältere Schriften wurden oft weiter verwendet. Vor allem die ursprünglich römische Capitalis *findet sich im Mittelalter oft als Inschrift auf Bildern oder Statuen, da man sie als besonders feierlich und dekorativ empfand. In einem solchen Fall, d.h. der Wiederverwendung älterer Schriftformen, spricht man unter Fachleuten von einer* historisierenden Capitalis *(oder* Unzialis *etc.). Die* römische Capitalis *ist eine Majuskel-Schrift.*

Da es sich bei dieser Schrift um eine sehr gerade und steif anmutende Schriftform handelt, findet man sie in ihrer reinen Form nur als deklarierende Inschrift. Zum flüssigen Schreiben wurde auch die Capitalis romana *modifiziert,* z.B. zur Capitalis quadrata oder zur Capitalis rustica. Diese Schriften entstanden im ersten nachchristlichen Jahrhundert im römischen Reich und bestimmten alle westeuropäischen Schriftformen der späteren Jahrhunderte.

Die Herkunft der mittelalterlichen Schrift

Die Herkunft aller Schriften des Abendlandes ist unbestreitbar die oben erwähnte römische Capitalis. Noch unsere heutige Schrift bezeichnen wir als lateinische.
Wir schreiben und lesen unsere Texte von links nach rechts, was unter anderem großen Einfluss auf die Bilderwelt der Mittelalters (und späterer Epochen) hatte, da sich nahezu alle Bilder in dieser Richtung aufbauen und mehrteilige Bilderzyklen in dieser Richtung „gelesen“ werden! Auch die Buchstaben unserer modernen Schrift sind noch in ihren Grundformen stets die der römischen.
Auf die Capitalis folgte die Unzialis, welche ebenfalls eine Majuskel-Schrift war, aber bereits wesentlich runder und weicher im Aussehen und daher leichter und angenehmer zu schreiben. Sie entstand im dritten nachchristlichen Jahrhundert, zu einer Zeit, in der die Codices (codex = Buch) eine immer größere Rolle zu spielen begannen und reicher ausgestattet wurden. In der Unzialis finden sich vor allem die ersten Ansätze echter Kleinbuchstaben. Sie ist die Schrift, die von den irischen Mönchen umgeformt wurde zu der uns heute so vertraut erscheinenden runden Schriftform der keltischen Bibeln des frühen Christentums, der Halbunzialis des 6. und 7. Jahrhunderts. Das besondere Merkmal der Halbunzialis ist der Übergang von der Majuskel-Schrift zur Minuskel-Schrift. In Inschriften findet sich aber auch in dieser Zeit noch nach wie vor die Capitalis.

Fruehmittelalterliche Schriftformen

Im 8. Jahrhundert unter Karl dem Großen finden wir die bis dahin größten und aktivsten Schreibstuben. Nie zuvor war das Schreiben und das Schmücken von Büchern solcher Art gefördert worden. In der Nachfolge der Scriptorien Karls des Großen und seiner Epoche stehen die Schreiber des gesamten europäischen Mittelalters. Die Schreiber im Hofscriptorium Karls des Großen entwickelten nicht nur Bildtypen und Ornamentformen neu, sondern erfanden auch die sogenannte Karolingische Minuskel. Durch ihre runden, weichen Formen, verbunden mit der klaren Trennung der einzelnen Worte, erzielte diese Schrift eine bis dahin einzigartige Lesbarkeit der verfassten Texte. Aus diesem Grund verwendete man in der Karolingischen Minuskel auch keine Ligaturen, also keine Zusammenziehungen von zwei Buchstaben zu einem, wie man es oft in den Capitalis-Schriften findet (z.B. von A und E zu Æ).

Hochmittelalterliche Schriftformen

Erst ab dem elften Jahrhundert fanden wieder deutliche Veränderungen im Schriftbild statt, so wie sich auch in der Kunst das Erscheinungsbild von Architektur und Malerei zu verändern begann. Die Proportionen wurden schlanker, die schmalere Form als schön empfunden. Die Epoche der Gotik begann.
Auch die bisher bekannten Schriften erhielten in der Abkehr von der runden, breiten Unzialis ein der Gotik angepasstes Erscheinungsbild. Schließlich entstanden im 12. Jahrhundert die Gotischen Minuskeln. Den Rundungen wurden in diesen Schriften Kanten gegenübergestellt. Die Buchstaben beginnen und enden mit feinen An- und Abstrichen, die sich oft fast berühren. Es entsteht ein enges, wie gewebt erscheinendes Schriftbild (der Name einer der gotischen Schriften ist Textura = „wie gewebt erscheinend"). Mit dem Fortschreiten der Jahrhunderte finden wir immer mehr gotisch-kantige Schriften, wie z.B. die Schwabacher oder die Fraktur, aber gerade im 15. Jahrhundert, mit der in Italien bereits beginnenden Renaissance, kehren auch rundere Schriftformen, wie z.B. die den bezeichnenden Namen tragende Antiqua, zurück oder erleben ältere Schriften eine Wiedergeburt.

Die Kunst des Schreibens

Spaetantike

In der späten Antike, etwa um das Jahr 400, hatte der Codex die Schriftrolle verdrängt und war die gängige Form der schriftlichen Textüberlieferung geworden. Im Gegensatz zu den meisten aus dem frühen Mittelalter überlieferten Büchern, die sich zumeist mit Textabschriften oder Kommentaren zu Werken christlicher Herkunft beschäftigten, waren die Inhalte dieser spätantiken Handschriften (nahezu immer) profanen Charakters. Es waren Herbarien (Kräuterbücher bzw. -sammlungen), astronomische Lehrbücher, philosophische oder auch geschichtliche Texte.

Einfluss der Christianisierung

Mit der Verbreitung des Christentums gewannen jedoch nach und nach andere, christliche Themen die Oberhand. Bibeln, Messbücher oder auch gelehrte Auslegungen und Kommentare (wie etwa von Augustinus oder Gregor dem Großen) wurden wesentlich öfter kopiert als die spätantiken Lehrbücher. Dennoch sahen es gerade die großen Klöster (später vor allem die Benediktiner) als ihre Aufgabe an, auch die antiken Schriften zu kopieren und somit spätantikes Wissen zu bewahren. Eine Zensur im heutigen Sinne und die Kontrolle durch die Inquisition folgten erst viele Jahrhunderte später und erst im Zuge dieser Maßnahmen wurden Bücher unerwünschten Inhaltes wirklich verboten und auch vernichtet.

Historiker sprechen von der Epoche unter der Ägide des klugen Herrschers Karl auch von der Karolingischen Renaissance, da gerade in dieser Zeit ein reges Interesse am antiken Erbe bestand, wie es sich vielleicht erst wieder in der italienischen Frührenaissance, mehr als ein halbes Jahrtausend später, fand.

Geistliche Scriptorien

Die Schreibkundigen waren nahezu immer Mönche, die zumeist schon im Knabenalter in die Klöster gegeben wurden und dort eine umfassende Erziehung erhielten. Als wichtiger Bestandteil waren die Scriptorien, die Schreibstuben, in die Klosteranlage eingebunden. Aufgabe dieser Scriptorien war es in erster Linie, die im Kloster vorhandenen Bücher abzuschreiben oder Kopien von Dokumenten zu erstellen. Kopien eigener Bücher wurden verkauft oder aber Gönnern der Klöster oder Staatsmännern zum Geschenk gemacht. Oft wurden auch von anderen Bibliotheken Bücher ausgeliehen, um sie zu kopieren, oder man schickte den besten Schreiber des Klosters in ein anderes, um die eigene Bibliothek durch ein dort von ihm kopiertes Werk zu vergrößern. Doch nicht nur die Kopisten der Bücher spielten eine Rolle. Gelehrte, wie Gregor der Große werden in Miniaturen in ausgeschmückten Codices oft beim Diktat ihrer Texte gezeigt.

Beide Methoden bargen Fehlerquellen. Beim Diktat spielten Hörfehler eine große Rolle, da die gelehrte Sprache (und Schrift) das Latein war, dessen die Schreiber oft mehr schlecht als recht mächtig waren. Auch beim Kopieren kam es immer wieder zu Schreibfehlern oder zum Auslassen ganzer Zeilen. Es finden sich Codices, bei denen der Kopist fälschlicherweise Randbemerkungen eines früheren Lesers in den Originaltext mit aufnahm oder – aufgrund der manchmal ungenügenden Worttrennung früherer Schriftformen – mehrere Worte als eines interpretierte und abschrieb.

Jedes Scriptorium von Bedeutung beschäftigte zumindest einen, je nach Größe der Schreibstube manchmal auch mehrere Correctores, die die abgeschriebenen oder diktierten Texte nochmals überprüften. Fehler wurden mit dem Federmesser ausgekratzt und verbessert. Dennoch übersahen auch sie Fehler und so müssen sich heute Textkritiker oft genug damit beschäftigen, aus verschiedenen Versionen desselben Textes die ursprüngliche bzw. die richtige herauszufiltern. Diese Fehler sind andererseits heute von unschätzbarem Wert für den Historiker. Da es im Mittelalter eine gängige Praxis war, Verträge oder Gesetzestexte auf den Tag ihres Beschlusses (nicht der Niederschrift) zu datieren, existieren häufig mehrere Versionen eines Textes. Oft weichen dann die Texte voneinander ab, wenn in der Ausfertigung eines Reichsgesetzes für Bayern z.B. bestimmte Privilegien zugestanden wurden. Um nun das Original herauszufinden, bedienen sich Historiker der Methode, die Kopierfehler zurückzuverfolgen und können so feststellen, welches Dokument von welcher Vorlage abgeschrieben wurde.

Weltliche Schreibstuben

Neben den klösterlichen Scriptorien entstanden vor allem ab dem 13. Jahrhundert – wahrscheinlich von Herrschern gefördert – weltliche Schreibstuben. Mit dem Erstarken der Städte, dem Bürgertum und der Gründung der großen Universitäten erweiterte sich das Repertoire der literarischen Themen. Ebenso nahm der Kreis der an Büchern Interessierten und vor allem der Menschen, die des Lesens und Schreibens mächtig waren, zu. Immer mehr Berufsschreiber und Buchillustratoren arbeiteten neben und außerhalb der klösterlichen Scriptorien.

Gerade im frühen Mittelalter waren Schriftgelehrte nahezu immer Geistliche. Fürsten und Könige sahen sich oft genug nicht in der Lage, auch nur ihren eigenen Namen zu schreiben. Ihrem Hofstaat gehörten mehrere Priester an, die sämtliche Korrespondenz, alle Verträge und auch die Geschichtsschreibung übernahmen. Im Übergang zwischen Antike und Mittelalter existierten sicher nach wie vor weltliche Schreibstuben, die vor allem offizielle Urkunden verfertigten und juristische Texte schrieben. Diese Schreibstuben hielten sich neben den klösterlichen vereinzelt, bis es dann erst wieder im Laufe des 14. Jahrhunderts vermehrt weltliche Schreiber gab, die sich schließlich zu einer eigenen Zunft zusammenschlossen. Wenn man allerdings feststellt, dass Karl IV., der sich sehr um den Aufbau einer funktionierenden Verwaltung bemühte, im Jahr 1350 lediglich vier Schreiber beschäftigte, während die französischen Kanzleien mehr als zehntausend Dokumente im Jahr verfassten, dann gewinnt man eine Vorstellung von der Primitivität der kaiserlichen Verwaltung.

Buchkunst

Bücher waren kostbar und daher fast immer entsprechend verziert und geschmückt. Neben den Schreibern gab es deshalb die Miniaturisten, die Miniaturenmaler. Aus Dedikationsgedichten in den Büchern (Gedichte, die vor allem den Stifter, manchmal auch den Schreiber eines Codex etc. namentlich nennen, von lat. dedicare = widmen) wissen wir, dass der Schreiber sehr wohl auch der Maler einer Prachthandschrift sein konnte. Der weitaus häufigere Fall war jedoch, dass man sich spezialisierte und die Arbeit teilte. In großen Scriptorien mit vielen Beschäftigten ging diese Spezialisierung soweit, dass bestimmte Maler lediglich Menschenfiguren malten, andere wiederum nur Tiere und wieder andere ausschließlich am Rahmenwerk arbeiteten. Hand in Hand mit diesen Spezialisten entstand unter der Hand des Scriptors der Codex.

Analphabetismus in allen Schichten

Karl IV. sprach mehrere Sprachen und konnte sehr gut lesen und schreiben. Einer seiner Vorgänger, Karl der Große, war in vielen Gebieten äußerst gebildet, beherrschte mehrere Sprachen und war dennoch des Schreibens kaum mächtig. Er hatte erst sehr spät, bereits als Erwachsener aus eigenem Antrieb mit dem Erlernen dieser Kunst begonnen, meisterte sie jedoch zeitlebens nur sehr ungenügend.

Vom Schreiber Einhard, der uns die „Vita Caroli Magni" (Das Leben Karls des Großen) überliefert hat, stammen folgende Zeilen:

„Karl war ein begabter Redner. Er beherrschte nicht nur seine Muttersprache, sondern erlernte auch fleißig Fremdsprachen. Latein verstand er und sprach es wie seine eigene Sprache. Griechisch konnte er allerdings besser verstehen als sprechen. Der Diakon Peter von Pisa lehrte ihn Grammatik. Ein anderer Diakon, Albinus, genannt Alkuin, ein Mann sächsischer Abstammung aus Britannien, der als der größte Gelehrte seiner Zeit galt, unterrichtete ihn in den anderen Wissenschaften: der König verwendete viel Zeit und Mühe auf das Studium der Rhetorik, Dialektik und besonders der Astronomie. Er lernte Rechnen und verfolgte mit großem Wissensdurst und aufmerksamem Interesse die Bewegungen der Himmelskörper. Auch versuchte er sich im Schreiben und hatte unter seinem Kopfkissen im Bett immer Tafeln und Blätter bereit, um in schlaflosen Stunden seine Hand im Schreiben zu üben. Da er aber erst verhältnismäßig spät damit begonnen hatte, brachte er es auf diesem Gebiet nicht sehr weit."

Ein Umstand der sein Ansehen mitnichten schmälerte. Schrift und die Bezeichnung „Schriftgelehrter" gingen Hand in Hand. Intelligent und gelehrt waren zwei paar Schuhe. Das Schreiben, das uns heute so selbstverständlich erscheint, war eine hohe und vielgeachtete Kunst, die in allen Gesellschaftsschichten nur von einer Minderheit beherrscht wurde.

Die schreibende Frau

Die Frau nahm unter den Schreibern durch das Mittelalter hindurch eine sehr unterschiedliche Stellung ein. In den Frauenklöstern, vor allem in den größeren gab es vereinzelt auch Scriptorien. Im frühen Mittelalter dabei mehr als in späteren Jahrhunderten. Gisela, eine Schwester Karls des Großen, leitete ein großes Scriptorium und im 12. Jahrhundert finden wir die Nonne Gutta als Schreiberin neben dem Maler Sintram auf dem Widmungsbild des von ihr geschriebenen Codex. In den höheren Adelskreisen mögen die Damen des Lesens und Schreibens manchmal mächtig gewesen sein, häufiger wohl als ihre Ehemänner, da die adelige Frau für gewöhnlich mehr Zeit und Muße hatte als ihr Gemahl.

Dennoch hatte die Erziehung der Mädchen andere Zielsetzungen, als die der Knaben. Männliche Kinder aller Schichten wurden eher in Schulen unterrichtet als ihre Altersgenossinnen, ein Umstand, der sich aber im Laufe des 14. Jahrhunderts mit dem Erstarken des Bürgertums zu verändern begann.

Das Buch

Herstellung

Neben den Schreibern und Malern war eine Reihe weiterer Handwerker an der Herstellung der Bücher beteiligt, etwa um die notwendigen Materialien bereitzustellen.

Der Codex

Das Wort Codex stammt aus dem Lateinischen. In seiner ursprünglichen Form caudex bezeichnete es zunächst die zum Schreiben in der Antike häufig verwendeten Wachstafeln. Als diese immer mehr durch andere Schreibmaterialien verdrängt wurden, veränderte sich die Bedeutung des Wortes in „Haft“ oder „Buch“. Spätestens seit der Spätantike ist Codex die gängige Bezeichnung für Handschriften.

Pergament

War der aus Ägypten stammende Papyrus das Material der Buchrollen, so war das Pergament das der Codices. Der Überlieferung des Plinius (gest. 79 n.Chr.) zufolge hüteten die Ägypter das Geheimnis der Papyrusherstellung, um ihr Handelsmonopol zu sichern. König Eumenes II. (197 – 158 v.Chr.) von Pergamon ließ nach einem Ersatz forschen, da er den ehrgeizigen Plan verfolgte, eine Bibliothek zu schaffen, die es mit der von Alexandria (der größten der antiken Welt) aufnehmen konnte. Man entdeckte, dass dünn geschabte und gekalkte Tierhaut einen brauchbaren Schreibgrund lieferte und benannte sie nach ihrem Erfindungsort, der Stadt Pergamon, Pergament. Soweit die Legende.

Tatsache ist, dass die in Rechtekke geschnittenen Pergamentseiten, geheftet und zwischen hölzerne Deckel gespannt, im 4. Jahrhundert n.Chr. die Buchrollen aus Papyrus vollkommen abgelöst hatten.

Die Pergamentherstellung ging so vor sich: Tierhaut, vorzugsweise von Schaf, Ziege oder Kalb wird in scharfer Kalklauge gegerbt, dann auf einen Rahmen aufgespannt und mit einem Schabeisen gesäubert. Nach dem Trocknen auf dem Rahmen wird die Haut nochmals mit dem Schabeisen nachbearbeitet, um eine möglichst glatte und gleichmäßige Oberfläche zu erreichen. Die fertige Haut wird in gleichmäßige Rechtecke zerschnitten.

Der Pergamenthersteller wurde in einem um 800 in Italien entstandenen Codex dargestellt, wie er die Frucht seiner Arbeit, die Pergamentseiten, einem Mönch verkauft. Die wichtigsten Werkzeuge und damit auch die Zeichen seiner Zunft, waren das Schabeisen und der Spannrahmen.

Die weitere Bearbeitung der Blätter lag in den Händen des Schreibers. Auf dem europäischen Festland bevorzugten die Schreiber und Maler eine glatte Oberfläche zum Arbeiten, ihre Kollegen auf den britischen Inseln hingegen rauhten die Oberfläche mit einem Bimsstein auf, wohl um sie für die Aufnahme der Tinte saugfähiger zu machen. Auf den zugeschnittenen Blättern wurde dann von Schreiber der Schriftspiegel festgelegt, d.h. mit feinen Linien (zumeist in hellroter oder blassbrauner Tinte) der Raum eingegrenzt, den die Schrift einnehmen durfte und die Flächen, die der Miniaturenmaler mit Rahmenwerk oder auch ganzseitigen Miniaturen zu füllen hatte.

Papier

Erst im 13. Jahrhundert setzte sich nach und nach Papier als Mal- und Schreibgrund durch. Mit diesem Material als saugfähigem Untergrund gewannen auch andere Verfahrensweisen der Buchherstellung an Bedeutung. Durch die Verwendung geschnitzter Holzplatten und Druckerpressen konnte man dasselbe Motiv einfach vervielfältigen. Zunächst wurde die Technik des Holzschnitts lediglich für Einzelblätter und Graphiken verwendet, sie fand aber ab der zweiten Hälfte des 14. Jahrhunderts mehr und mehr Verbreitung. Ganze Buchseiten, auch solche mit Texten, entstanden auf diese Weise. Diese frühen Druckerzeugnisse bezeichnet man als Inkunabeln. Gutenbergs (ca. 1400 – 1468) große Erfindung war deshalb nicht der Buchdruck an sich, sondern die Verwendung beweglicher und austauschbarer Buchstaben. Eine wenig bekannte Tatsache ist, dass kurz nach der Vollendung seiner berühmten 42-zeiligen Bibel Johannes Gutenberg 1456 seine Werkstatt aufgrund hoher Schulden an einen Gläubiger abtreten musste. So wurde der finanzielle Erfolg seiner Arbeit von anderen eingestrichen.

Technik des Holzschnittes

Eine ca. 2 cm dicke Holzplatte wurde zunächst mit Kreide bestrichen, um eine Vorzeichnung zu ermöglichen. Anhand dieser Vorzeichnung wurde dann mit Schnitzmessern verschiedener Größe die Platte geschnitzt. Die Zeichnung blieb dabei als Muster erhabener Holzstege stehen, während alle umliegenden Felder ausgehöhlt werden mussten. Man bezeichnet den Holzschnitt als eine Hochdrucktechnik, da die stehen gebliebenen Teile des Schnitzwerks mit Farbe bestrichen werden und den Abdruck ergeben.

Technik des Kupferstichs

Neben dem Holzschnitt wurde ab ca. 1450 der Kupferstich immer beliebter, da sich Kupferplatten wesentlich leichter bearbeiten lassen. Beim Kupferstichverfahren wird mit verschieden starken Sticheln eine Kupferplatte graviert. Die Zeichnung entsteht dabei während des Arbeitsvorgangs des Gravierens. In die entstandenen Vertiefungen auf der Platte wird Druckerschwärze eingerieben. Angefeuchtetes und dadurch weiches Papier nimmt diese unter dem Druck der Druckerpresse dann auf. Die Arbeitsweise des Kupferstiches ist feiner und präziser als die des Holzschnittes. Die Kupferplatte erlaubt aber nur eine bestimmte Anzahl von Abzügen, bevor diese an Qualität verlieren, während der Holzschnitt gleichbleibend gute Drucke liefert.

Illustrationen

Mittelpunkt der zumeist prachtvoll gestalteten Buchseiten waren die Initialen, die Anfangsbuchstaben, die sich über mehrere Zeilen erstreckten. Diese Hervorhebung eines neuen Absatzes war durchaus sinnvoll, da Überschriften oder auch Zwischenüberschriften in der heutigen Form zunächst unbekannt waren. Allein beim Durchblättern fiel dem Leser so bereits ein Sinnabschnitt ins Auge. Innerhalb dieser Buchstaben dann noch mehrere Figuren unterzubringen, oft kleine Geschichten oder Illustrationen zum folgenden Text, war die große Kunst der mittelalterlichen Illustratoren.

Handgeschriebene und illustrierte Codices wurden durch die Verbreitung der gedruckten Bücher noch viel mehr als zuvor zum Luxusgut. Wir wissen, dass der kunstsinnige Duc de Berry ein leidenschaftlicher Büchernarr war und mehrere Prachthandschriften in Auftrag gab, von denen einige heute seinen Namen tragen (z.B. „Les Trés Riches Heures Du Duc De Berry", im Musée Condé in Chantilly, um ca. 1416).

Die gesellschaftlichen wie sozialen Veränderungen, in Verbindung mit technischen Neuerungen, ließen schließlich die Kunstform der illuminierten Codices nach einer letzten Blüte im späten 15. und frühen 16. Jahrhunderts endgültig verschwinden.

Schreibwerkzeuge und Tinten

Federn

Zum Schreiben verwendete man Gänsekiele, die ständig nachgeschnitten werden mussten. Dabei eigneten sich für Rechtshänder die Schwungfedern des linken Flügels, für Linkshänder die des rechten besonders gut.

Tinten

Die Farben und Tinten wurden von den Schreibern und Malern meist selbst hergestellt, lediglich die Rohstoffe bezog man über Händler und Apotheker. Die häufigsten zum Schreiben verwendeten Tinten waren rotbraun und auf pflanzlicher Basis hergestellt. Daneben verwendete man aber auch genauso häufig tiefschwarze Tinten, die zumeist aus Ruß und Gummi hergestellt wurden. Der Nachteil, den die schwarzen Tinten in sich bargen, war aber, dass sie extrem empfindlich auf Feuchtigkeit reagierten.

Für Tinte aus Dornen existiert ein Rezept aus einer vom Mönch Theophilus um 1100 verfassten Handschrift „De diversis artibus“:

Dornenzweige von Schlehen oder Weißdorn sollen im April oder Mai, kurz vor dem Austreiben geschnitten und einige Tage zum Trocknen liegen gelassen werden. Daraufhin die Rinde abschälen, mit Wasser ansetzen und wiederum drei Tage stehen lassen. Das dann rotbraun verfärbte Wasser wird abgegossen, aufgekocht und wieder mit frischer Rinde versetzt. Diesen Vorgang soll man einige Male wiederholen, bis die Rinde völlig ausgelaugt ist.

Der entstandene Sud wird eingekocht und in einem Pergamentsäckchen an der Sonne getrocknet.

Die so entstandene, eingetrocknete Tinte wurde in den ausgehöhlten Spitzen von Rinderhörner verwahrt. Wollte man sie verwenden, löste man das Pulver in Wein.

Farbnuancen erreichte man sowohl durch den Verdünnungsgrad, als auch durch das Zufügen weiterer Farbzutaten, wie etwa zerriebene Kohle oder Kupfervitriol. Diese Tinte ist licht- und wasserbeständig.
Um bestimmte Textpassagen auszuzeichnen, verwendete man vor allem rote Tinten, die zumeist auf Zinnoberbasis hergestellt wurden. Im Zusammenhang mit der bildlichen Ausgestaltung der einzelnen Seiten wurde auch mit anderen Farben geschrieben, diese sind aber im engeren Sinne zumeist nicht als Tinten zu bezeichnen.
In besonders reich ausgestatteten Prunkhandschriften finden sich darüber hinaus Gold- und Silbertinten, bei denen das pulverisierte Edelmetall zum Schreiben zuerst durch Bindemittel (Gummi) zähflüssig und dann durch Lösungsmittel (Wein) wieder dünnflüssiger gemacht wurde. Man findet auch Schriften, bei denen Blattgold oder -silber aufgelegt wurden, wobei dann natürlich ebenfalls nicht mehr von Tinte gesprochen werden kann.

Faerbemittel

Die Färbemittel waren anorganischen oder organischen Ursprungs und kamen zumeist natürlich vor, wurden aber auch durch einfache chemische Vorgänge hergestellt, wie z.B. Verbrennung. Die Farben bestanden immer aus drei Hauptbestandteilen: dem Farbpigment, dem Binde- und dem Lösungsmittel.
Es existiert eine Liste in mehreren Abschriften in England, Frankreich, Deutschland und Italien, in der die besten Farbpigmente verzeichnet sind, die ab dem 12. Jahrhundert bis ins 15. Jahrhundert Verbreitung fanden. Sie kann daher als repräsentativ angesehen werden.

Farbpigmente

Azur

Azurit oder Bergblau, ist pulverisierter Kupferlasurstein. Im Mittelalter wurde er in Süditalien und Spanien abgebaut.

Vermiculum

Künstlich aus Schwefel und Quecksilber hergestelltes Zinnoberrot. Vielleicht aber auch ähnlich dem Karminrot aus den Weibchen der Kermesschildlaus (Kermes Vermilio Planch.) gewonnen und mit Essig und Zitronensaft weiterbehandelt.

Drachenblut

Auch zu dieser Farbe existieren verschiedene Rezeptangaben. Allgemein handelt es sich bei Drachenblut um das bräunlich-ziegelrote Harz des Petrocarpus draco L. oder des Dracoena draco L., das mit weiteren Rottönen vermischt werden sollte, zumeist mit rotem Ocker. Der Farbton ist bräunlicher als Karminrot, zählt jedoch nicht zu den

Brauntönen.

Karmin

Rotton aus dem Weibchen der Kermesschildlaus. Durch die Behandlung mit Alaun lässt sich ein tiefdunkles, purpurähnliches Rot herstellen. Eine der ältesten Rotfarben. Bereits im Neolithikum nachweislich bekannt.

Schwarz

Zum Beispiel aus Weinrebenkohle. Schwarze Farbpigmente wurden nahezu immer durch das Verkohlen verschiedener pflanzlicher Elemente, manchmal auch durch das Verbrennen von Elfenbein gewonnen.

Folium

Rotton aus dem farbigen Saft der Früchte des Krebskrautes (Chrozophora tincoria Juss. oder Croton tictorium L.). Dabei werden durch die Beigabe zusätzlicher Farbmittel verschiedene Farben erreicht. Folium rubeum, der ursprüngliche Saftton; musste mit Urin und Holzasche abgemischt werden, um Folium purpureum zu erhalten. Fügte man zusätzlich eine Prise ungelöschten Kalk hinzu, ergab sich der Farbton Folium saphireum.

Auripigment

Gelbes Arsensulfid wurde in Ägypten bereits im 14. Jahrhundert v.Chr. benutzt. In Traktaten des Mittelalters wird die zusätzliche Beimischung von Safran empfohlen. Grünspan: Durch Oxidation an Kupfer entstehendes grünes Farbpigment, dass, nach einem Rezept aus dem 14. Jh., vermischt mit Weinstein und Honig, ein „schone fijn grüne" ergibt.

Gravetum

Graphitgrau

Indigo

Bezeichnet sowohl den importierten Farbstoff aus der subtropischen Indigopflanze (Indigofera tinctoria L.), als auch das von diesem in seiner Nuancierung nicht zu unterscheidende Waidblau, aus dem einheimischen Färberwaid (Isatis tinctoria L.). Der Farbton variiert dabei je nach Herstellung, beigegebenen Bindemitteln und Verdünnungsgrad von samtigen Blauschwarz zu pastelligem Hellblau.

Braun

Wahrscheinlich braune Ockererde oder auch mit Umbra bezeichnete grünbraune Erde. Auch die aus Dornen gewonnenen braunen Tinten.

Safran

Gelber Farbsaft, der durch das Auflösen der getrockneten Blütennarben des Safran (Crocus sativus L.) in Wasser entsteht. Teure, aber sehr leuchtende Farbe, daher oft nur zum Abmischen anderer Gelbtöne benutzt.

Bleiweiß

Durch das Einwirken von Essig oder Urin auf Bleiplatten gewonnenes Farbpigment.

Abschließend dazu ein Zitat aus der „Mapae Clavicula"-Handschrift aus Corning: *„De diversis coloribus: Colores in pargamento spissi et clari, hii sunt. Azorium, Vermiculum, Sanguis draconis, Carum minimum, Folium, Auripigmentum, Viride grcum, Gravetum indicum, Brunum, Crocus, Minimum rubeum vel album, nigrum optimum ex carbone vitis. Hi omnes colores destemberatur a glarea."*
(*Über die verschiedenen Farben: Die Farben auf dem Pergament, deckende und durchscheinende, sind folgende. Azur, Vermiculum, Drachenblut, Carmin, Folium, Auripigment, Grünspan, Gravetum, Indigo, Braun, Safran, Bleiweiß, bestes Schwarz aus Weinrebenkohle. Alle diese Farben sind mit Eiklar abzumischen.*)

Bindemittel

Bindemittel des Mittelalters waren Eiweiß, Pflaumen- oder Kirschgummi und Leim, der aus Pergament oder der getrockneten Schwimmblase des Störs hergestellt wurde.

Eiweiß

Eiklar muss, bevor es als Bindemittel verwendet werden kann, zunächst noch behandelt werden. Nach Heraklius sollte man das Eiklar mehrmals durch Tücher abseien, um es zu reinigen. In einem Traktat des 11. Jahrhunderts wird diese Methode jedoch als zu unsauber abgelehnt. Man empfiehlt, das Eiweiß zu Schnee zu schlagen und nur die sich unterhalb des Eischnees absetzende, klare Flüssigkeit als Bindemittel zu verwenden.

Kirsch- oder Pflaumengummi

Man sammle Harz von diesen Obstbäumen, das in Wasser ausquellen muss. Mit Eiklar versetzt, kann dieses Gummi als Bindemittel verwendet werden.

Fisch- oder Pergamentleim

Um Leim herzustellen, löst man kleine Stückchen der getrockneten Schwimmblase des Störs oder schmale Schnipsel Pergament in Wasser auf, bis diese sich zu einem gesättigten Leim verwandelt haben.

Loesungsmittel

Lösungsmittel war zumeist Wein, aber auch Bier, Wasser und Essig. Die Farbpigmente lagen – bedingt durch ihr natürliches Vorkommen (wie Lapislazuli) oder durch ihre Herstellung (wie Kohle) – nahezu immer in größeren Stücken oder Blöcken vor und mussten zunächst mit Mörser und Stößel zerkleinert und schließlich noch fein zerrieben werden. Farben waren kostbar. Einmal angemischt mussten sie verbraucht wer-

den, da sie eingetrocknet nicht mehr zu gebrauchen waren. Daher mischte man stets nur kleine Mengen an und verwahrte sie in Rinderhornspitzen oder Nussschalenhälften.

Buecher ueber Buecher

Bereits früh finden wir Traktate, die sich allein mit der Herstellung der zur Bücherfertigung und Ausschmückung von Codices notwendigen Materialien beschäftigen. Vor allem die Rezepte zur Farbherstellung und -mischung wurden so weitergegeben. Zumeist waren diese Schriften knapp formuliert, doch einige enthalten Zeichnungen, die uns die Arbeit in den Schreibstuben bildlich nachvollziehen lassen. Die älteren Traktate sind in Latein verfasst. Seit dem 12. Jahrhundert finden sich aber auch mehr und mehr landessprachliche Texte. Die Rezepte wurden ständig verbessert und die Texte erweitert. Alsbald fanden sich hier auch Anleitungen zur modischen Verzierung eines Textes und sogar vorgefertigte Muster, die der jeweilige Maler und Schreiber nur nachzuzeichnen brauchte. Eine Entwicklung, die mit der Verlagerung der Scriptorien aus dem klösterlichen in den weltlichen Bereich zusammenhängen mag. Man spricht nun von Werkstatt- oder Musterbüchern.

Buchbinder

Waren nun, quasi im Teamwork, die Einzelseiten des Codex fertiggestellt, trat ein anderer Handwerker auf den Plan, der Buchbinder. Dieser legte die beschriebenen und bemalten Seiten zu Lagen zusammen, die zunächst gefalzt und dann in einer Buchbinderlade zusammengeheftet wurden. Zusammengefasst wurde der Codex durch hölzerne Buchdeckel. Einfacher ausgestattete Bücher hatten dabei nur mit Leder bezogene Deckel, die der Prachthandschriften dagegen wurden mit Gold oder Silber beschlagen, in das Elfenbein und Edelsteine eingelegt wurden. Buchdeckel, sowie die daran befindlichen Schließen und Beschläge und der lederne Buchrücken wurden durch zierliche Nägel befestigt.

Das mittelalterliche Bild

Ikonografie

In der Geschichte, Kunstgeschichte und Volkskunde existiert ein Forschungsgebiet, das sich *Ikonografie* nennt. Das Wort stammt aus dem Griechischen und setzt sich aus den Elementen *icon* (= Bild) und *graphein* (= schreiben) zusammen: Das Schreiben mit dem Bild!

Die Ikonografie untersucht die Bedeutungsinhalte von Bildern in ihren Einzelteilen und im großen Zusammenhang. In den Lexika der Ikonografie kann man z.B. nachlesen, auf welchem Bild die Jungfrau Maria zum ersten Mal eine Lilie hielt, dass die Lilie als Symbol der Jungfräulichkeit gilt und seit wann eine Lilie verbindlich zum Attribut der Mariengestalt wurde.
Die Ikonografie ist für Mediävisten eine wichtige Hilfswissenschaft, da vor allem aus den frühen Jahrhunderten des Mittelalters nur wenige, für die Kulturgeschichte auswertbare Texte erhalten sind. Anhand des überlieferten Bildmaterials können jedoch einige Lücken in der Forschungsgeschichte gefüllt werden. Auch wenn die schriftliche Überlieferung mit dem Fortschreiten der Jahrhunderte immer reichhaltiger wird, bleiben die erläuternden Bilder eine unerschöpfliche Quelle für die Forschung.

Bilder

Die Bilder, die uns aus dem Mittelalter erhalten sind, sind allesamt mit Symbolen und Mehrfachbedeutungen versehen, die uns heute vielfach nicht mehr geläufig sind und daher, zum besseren Verständnis des Dargestellten, oft in mühevoller Kleinarbeit gedeutet werden müssen. Wir haben im folgenden auf Deutungen in diesem Sinne verzichtet. Die Bilder sollen nicht für sich alleine gesehen werden, sondern unseren Text illustrieren. Viele sind aus einem größeren Zusammenhang herausgenommen, in ihrer Originalgröße beschnitten und verändert.
Sie sollen den Text veranschaulichen, nicht als „Kunstwerksammlung“ angesehen werden.

Bilder der Staendegesellschaft

Der Stand der Bauern diente den Künstlern des Mittelalters oft zur Belustigung. Bauern wurden vielfach als verrohte, ungebildete Personen ohne Manieren dargestellt.
Auf Bildern von Bauernhochzeiten oder vom Bauerntanz finden sich nahezu immer Figuren, die sich übergeben, um die Maßlosigkeit der Bauern zu illustrieren.
Auch Tanzbewegungen und Schritte werden als grob und wild wiedergegeben.
Die Gesichter der Bauern erscheinen manchmal

fast wie eine Karikatur.
Im Vergleich hierzu wird der Tanz von Bürgern oder Adeligen immer gemäßigter und vornehm gezeigt.
Durch diese Bilder unterstrich man die Standesunterschiede und gab der Meinung Ausdruck, dass ein gebildeter, vornehmer Mensch auch immer schön sei.
Die Selbstverständlichkeit den Standes-

unterschied zwischen Bauern und Adel, bzw. Klerus (später dann auch den Stadt-Bürgern), als gottgegeben anzusehen, drückt sich in vielen Bildern aus. Fronarbeit und der „Zehnt" gehörten zur natürlichen Ordnung.
Aber es wurden Bauern auch in vielen Darstellungen bei der Feldarbeit gezeigt.
Oft wurde sogar die wechselnde, auf die Jahreszeiten

bezogene Arbeit des Bauern verwendet, um Jahreskreisbilder anschaulicher zu gestalten.

Bilder von Hochzeiten

Der Ehestand und vor allem die Gründung einer Ehe war für die Menschen des Mittelalters ein bedeutsamer Schritt und findet sich daher als Thema vieler Bilder. Einblattdrucke mit der Eheschließung vor Zeugen und dem Einsegnen des Ehebettes, wie auch Blätter, die den zur Eheschließung notwendigen Hausstand aufzählten und die Überreichung der Ringe zeigten, waren überall in

Umlauf und boten dem Volk Anschauungsmaterial. Die Hochzeitsfeierlichkeiten wurden so reich wie nur irgend möglich ausgestattet und ähnlich wie in anderen Lebensbereichen finden sich auch hier Verordnungen, um den Aufwand dieser Feiern zu begrenzen.

Karten

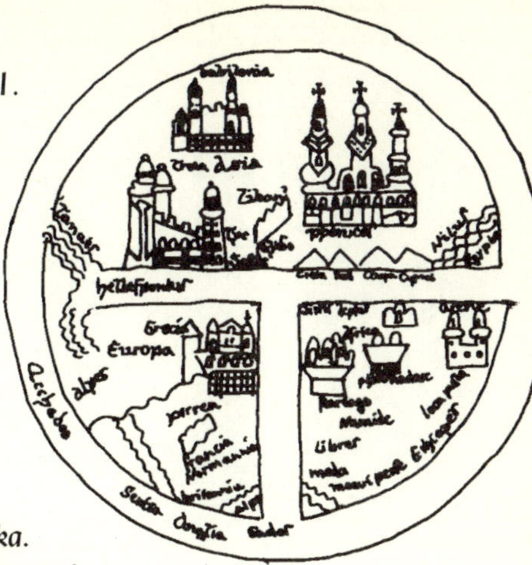

Das Bild der Erde, hier auf einer Karte des 11. Jahrhunderts, war immer eine ganzheitliche, durch die Bibel und den christlichen Glauben geprägte Darstellung, der Kreis als Verkörperung des Vollkommenen, die T-förmige Einteilung vom griechischen theos (= Gott) abgeleitet. Der Schöpfer spiegelt sich also in seiner Schöpfung wider. Diese Karten sind dabei nicht als Atlanten oder Reiseführer zu verstehen, sondern als Sinnbilder. Eingezeichnet sind die drei zur damaligen Zeit bekannten Erdteile, Europa, Asien und Afrika. Asien wird gekennzeichnet durch die Orte Troia und Babylonia, und selbst Ägypten und der Nil sind eingezeichnet.

In Europa finden sich die Kennzeichnungen Grecia, Francia, Normannia und Britannia. Afrika wird vor allem durch die Stadt Karthago und die Völkerbezeichnungen Numide und Liberer vertreten. Die Karte der Welt war eine Bibelauslegung und daher galten Zweifel an der Zuverlässigkeit dieser Kartenwerke als Ketzerei. In diesem Zusammenhang muss man auch den Aufruhr und die Streitigkeiten verstehen, die durch Menschen wie Galileo Galilei oder Christoph Kolumbus und deren Entdeckungen ausgelöst wurden.

Medizinische Bilder

Die Medizin war in Vielem weiter fortgeschritten, als der Laie heutzutage vermutet. Studien an den Körpern von Toten waren zwar kirchenrechtlich verboten und medizinische Schulen wie in den muslimischen Ländern gab es lange Zeit ebenfalls nicht, dennoch wurde ärztliches Wissen, größtenteils reine Erfahrungswerte, weitergegeben.

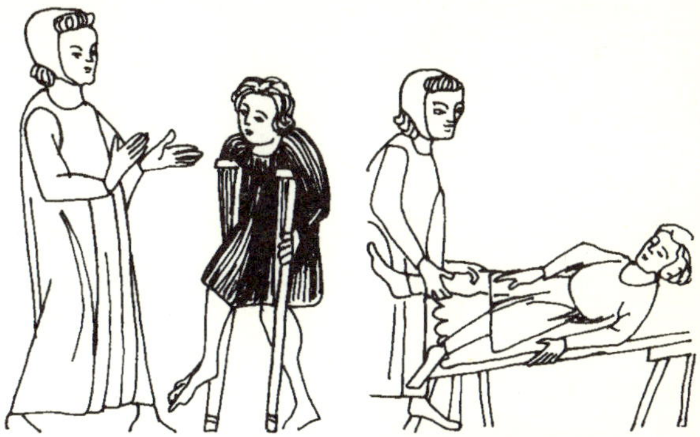

Doch auch im Mittelalter wurden eine ganze Reihe von Operationen mit Erfolg durchgeführt. Ein Holzschnitt aus Eng-

land, entstanden kurz vor 1200, zeigt das Entfernen von Hämorrhoiden, Nasenpolypen und das Stechen des grauen Stares.

Auch Brüche und offene Wunden wurden behandelt. Lediglich innere Krankheiten, wie z.B. Blinddarmentzündungen oder Verletzungen innerer Organe, z.B. durch Stiche oder Schläge, führten meist unweigerlich zum Tod.

Der Verlauf fieberhafter Krankheiten wurde durch fiebersenkende Kräutermixturen beeinflusst, doch oft dürfte es vom Allgemeinzustand des Patienten vor der Erkrankung abhängig gewesen sein, ob er sie überlebte oder nicht.

Die größte Plage bildeten aber die großen Seuchen. Den unterschiedlichen Formen der Pest wurde man kaum Herr. Lediglich bei der Beulenpest erzielte man durch das Aufschneiden der Beulen manchmal gewisse Heilungserfolge.

Diese Arbeit wurde vom Chirurgus ausgeführt, der auch als Bader tätig war und damit eigentlich nicht zum Ärztestand gehörte. Da diese Chirurgen oft selbst an der Pest starben, herrschte der weitverbreitete Glaube, dass die Pest durch Blicke übertragen wurde und die Ärzte versuchten, sich durch das Tragen von Gesichtsmasken zu schützen.

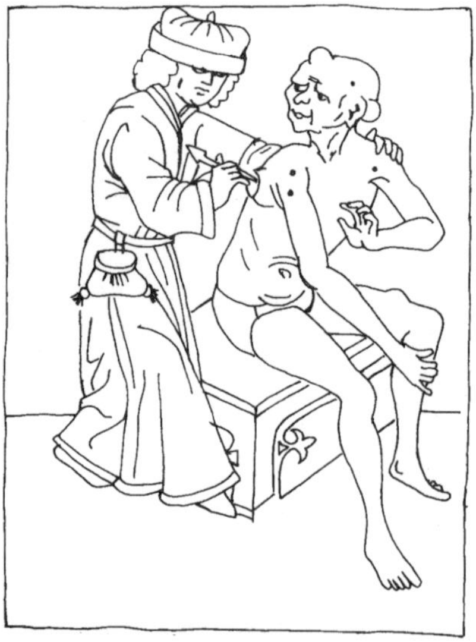

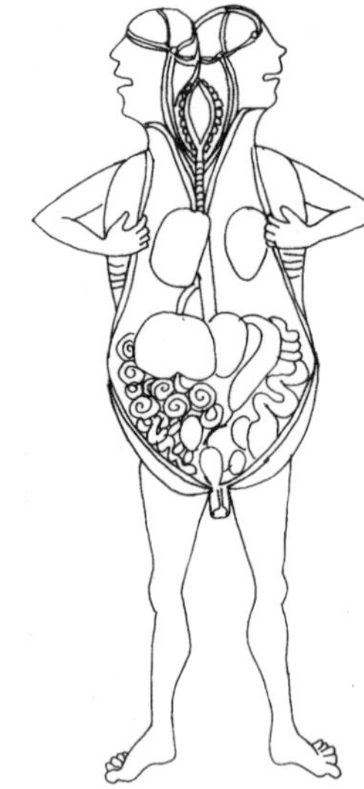

Die Musik

Geschichtlicher Abriss

Fruehgeschichte

Musik ist eine der frühesten „Begleiterscheinungen" menschlicher Entwicklung. Dabei sind Schlag- oder Rhythmusinstrumente wahrscheinlich die ersten Instrumente überhaupt, gefolgt von Blasinstrumenten. Von den frühesten Anfängen der Menschheit an lassen sich Instrumente dokumentieren, wobei sich die tatsächliche Musik zumeist kaum erhalten hat, da deren Niederschrift in Notensystemen erst wesentlich später begann. Musik stand wahrscheinlich zunächst mit der Religion in Zusammenhang. Erst später erkannte man den Unterhaltungswert von Rhythmus und Melodie auch im alltäglichen Zusammenleben.

Griechenland und Rom

Von den Griechen wissen wir, dass sie die hypnotisch-magische Wirkung der Musik in der Religionsausübung schätzten. Ebenso verwendeten Geschichtenerzähler und Dichter die Melodie als Unterstützung ihrer Kunst und nicht zuletzt war Musik in Griechenland Unterhaltung. Die erotischen Tänze der Hetären (Liebesdienerin, von grch. hetairos = Kamerad) bei den Symposien (Gastmählern) wurden häufig von der Kithara und der Leier begleitet.
An griechischer Musik hat sich einiges bis heute erhalten, von der römischen hingegen wissen wir kaum etwas. Es gibt einige Textpassagen, die z.B. von Arbeitsliedern der Sklaven und Arbeiter berichten, und auch im religiösen Bereich muss die Musik wichtig gewesen sein, doch wir wissen wesentlich weniger über den Klang römischer Musik als über den der Musik Griechenlands.

Von der Spaetantike zum Fruehmittelalter

In der Spätantike, als das Christentum entstand, waren die ersten Christen der jüdischen Tradition des Gottesdienstes verpflichtet, d.h. man erachtete das einstimmige, gemeinsame Singen von Lobeshymnen als die rechte Art, Gott zu preisen und verachtete die Instrumentalmusik als römisch-heidnisch und dem Gottesdienst nicht angemessen. Da die christliche Religion bald zur Staatsreligion wurde und das römische Reich weitreichend und bedeutungsvoll war, muss sich diese Entwicklung verhängnisvoll auf die Weiterführung instrumentaler Musik ausgewirkt haben und mag einer der Gründe sein, warum so wenig an römischer Musik überliefert wurde.
Die römisch-christlichen Gesänge wurden von Papst Gregor dem Großen (Papst von 590-604) gesammelt, revidiert, verbessert und schließlich kodifiziert. Aus diesem Grund bezeichnen wir diese, fast das gesamte Mittelalter kennzeichnenden Lieder noch heute als Gregorianische Gesänge. Diese liturgischen Choräle haben bis heute nichts von ihrer Wirkung eingebüßt und erlebten gerade in letzter Zeit in der populären Musik eine Renaissance.
Im Laufe der Jahrhunderte veränderten sich die zunächst einstimmigen Choräle hin zur Mehrstimmigkeit. Die Polyphonie kehrte in die Musik zurück. Dabei wurden die Melodien der Choräle zunächst von tieferen Stimmen in parallelen Quarten oder Quinten begleitet, wodurch die gesamte Klangstruktur voller wurde. Diese Stimmen nannte man Organum. Sie wurden zum Cantus firmus, bei dem einzelne Noten langanhaltend unter die Melodie gelegt wurden, weiter begleitet von einer zweiten Begleitstimme, einer dritten etc.
Diese Entwicklung wurde vor allem in der zweiten Hälfte des 12. Jahrhunderts in der Schule von Notre Dame de Paris forciert. Etwa in dieser Zeit werden auch in der

kirchlichen Musik verstärkt wieder Instrumente eingesetzt, da die Noten des Cantus firmus mittlerweile zu lang andauernd geworden waren, um von menschlichen Stimmen gehalten zu werden können.

Eine der wichtigsten Liedformen dieser Zeit war die Motette. Der Cantus firmus dieser Liedform beruhte auf der rhythmischen Struktur des gregorianischen Chorals und wurde Tenor (von lat. tenere = halten) genannt. Die zweite Stimme war der Motus (von franz. mot = Wort = „die Stimme mit Worten"). Zu diesen traten begleitend eine dritte und vierte Stimme, teilweise mit eigenem Text hinzu, wobei in den verschiedenen Stimmlagen sogar verschiedene Sprachen gesungen werden konnten.

In den Chroniken findet sich übrigens öfter der Hinweis, dass zum Tanze gesungen wurde, wahrscheinlich eine Eigenart des einfachen Volkes. Erstens gab es bei den weniger gut Situierten mit Sicherheit nur wenig Musikinstrumente, sodass die Stimmen ein tragender Teil der Musik waren. Zweitens war im Frühen und auch noch im Hohen Mittelalter die reine, weltliche Instrumentalmusik noch nicht so weit verbreitet. Erst im weiteren Verlauf des Mittelalters, mit Sicherheit ausgehend von höfischen Gewohnheiten, trennten sich Gesang und instrumental begleitete Tänze wohl mehr und mehr von einander.

Fruehe weltliche Musik

Neben der Entwicklung der liturgischen Musik gab es während des gesamten Frühen Mittelalters einstimmige weltliche Lieder. Aus diesen Liedern entwickelte sich in Südfrankreich im 12. und 13. Jahrhundert die Kunst der Troubadours (von provencalisch trobar = finden, erfinden). Diese Sänger waren Amateure, weltliche Amateure, die sowohl Dichter als auch Komponisten waren und aus allen Gesellschaftsschichten kamen. Ihre Lieder behandelten verschiedene Themen, große Epen von Helden genauso wie „romantische" Frühlingslieder oder ebenso oft die Liebe als sich immer wiederholendes und nie erschöpfendes Thema. Die Kunst der Troubadours inspirierte Sänger in anderen Ländern, sodass auch in Deutschland schließlich der Minnesang entstand.

Im Vergleich mit ihren französischen Vorbildern waren die Lieder der deutschen Sänger jedoch getragener und schwermütiger als die ihrer gallischen Nachbarn. Oft ist den Liedern ein rein instrumentales Vorspiel vorangestellt.

Ars Nova

Zu Beginn des 14. Jahrhunderts begann ein Wandel der abendländischen Kultur. Im Italien der Renaissance trat die kirchliche Musik hinter der weltlichen zurück. Italienische Komponisten schrieben nun ganze Kammerstücke für mehrere Stimmen und Instrumente, im Gegensatz zu den „einfachen" Liedern und Tänzen des Mittelalters. Diese Stücke waren – für die weltliche Musik eine gewaltige Neuerung – von wesentlich komplexerem Aufbau. In der alten und bekannten Schule der Musikkunst in Notre Dame de Paris nannte man den neuen Musikstil Ars nova (lat. = neue Kunst), im Vergleich zur Ars antiqua, der alten Musikkunst. Die größte Neuerung war dabei, dass nunmehr zweiteilige Notenwerte geschrieben werden konnten, im Gegensatz zu den immer eintonigen der mittelalterlichen Notierung. Außerdem führte man größere und kleinere Noteneinheiten für die Dauer der einzelnen Note ein, sodass der Rhythmus der Lieder genau bestimmt wurde. Zu den klassischen Harmonien des Mittelalters, der Quart und der Quint, traten nun auch die Terz und die Sext und erweiterten das Klangbild der weltlichen und kirchlichen Musik.
Gerade aber aus dieser Umbruchszeit haben sich aufgrund der Erfindung des Buchdrucks mehrere Stücke erhalten, während einige der „rein" mittelalterlichen zugunsten der neuen Mode verloren gingen. Nichtsdestotrotz gilt auch die Ars nova noch als mittelalterliche, aber eben spätmittelalterliche Musik und ist in ihrem Reichtum ein Schatz für uns.

Der Troubadour

Die Troubadours waren oft „nur" Sänger und bedienten sich daher eines Jongleurs (oder Joculatators), der sie auf einem Instrument begleitete. Diese Jongleurs waren Musiker und Schauspieler und außerordentlich vielseitig. Sie beherrschten bis zu neun verschiedene Instrumente und waren Tänzer und Akrobaten. Im Gegensatz zu den Sängern, die von höchster Geburt sein konnten, waren die Jongleure rechtlose Vagabunden. Obwohl sie im Mittelalter Ausgestoßene der Gesellschaft waren, wissen wir, dass sich die Musik des Mittelalters ohne sie nicht zu den Formen entwickelt hätte, die wir heute kennen. Aus diesen Jongleurs entstanden Berufsmusiker, die sich schließlich sogar zu einer Gilde zusammenschlossen und so zumindest in gewissem Rahmen zu Ansehen und Wohlstand gelangten.

Saiteninstrumente

Durch die Unterdrückung der Instrumentalkunst durch das frühe Christentum gingen die hochentwickelten Instrumente der Griechen und Römer in Zentraleuropa nahezu vollkommen verloren. Die Wirren der Völkerwanderung taten das Ihrige. Die

Instrumente, die das Mittelalter schließlich wiederentdeckte und weiterentwickelte, stammen daher zumeist von orientalischen Vorbildern ab. Sie kamen auf dem Weg über das byzantinische Reich nach Westeuropa und wurden hier dem europäischen Geschmack gemäß verändert.

Leier

Die Leier geht auf orientalische Vorbilder zurück. Zwei Leiern aus einem alemannischen Kriegergrab des 6. oder 7. Jahrhunderts zählen zu den ältesten erhaltenen Musikinstrumenten des Mittelalters. In ihrer Form gleichen sie mehr sumerischen Leiern, als antiken griechischen. Die antiken Leiern hatten keine Stimmwirbel, die sumerischen dagegen sehr wohl, ebenso wie die alemannischen. Um das Jahre 1.000 wurde die Leier allerdings durch die neumodische Fiedel nahezu vollkommen verdrängt. Lediglich in der Form der walisischen Crwth hat sie sich bis in unsere Tage erhalten.

Die aus den Leiern entstandenen Harfen genossen etwas länger anhaltende Beliebtheit, vor allem bei den keltischen Volksstämmen. So bildet noch heute die Harfe einen Teil des irischen Landeswappens.

Fiedel

Die im 10. Jahrhundert aus Asien eingeführte Fiedel mit ihrem Streichbogen wurde neben der im 12. Jahrhundert aus Spanien kommenden Gitarre rasch zum beliebtesten Instrument des Mittelalters.

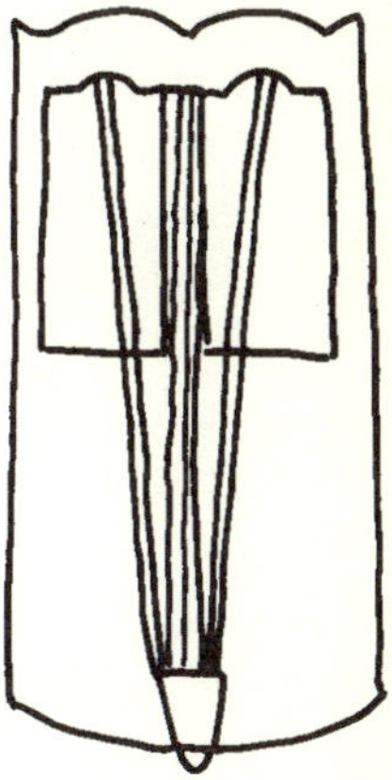

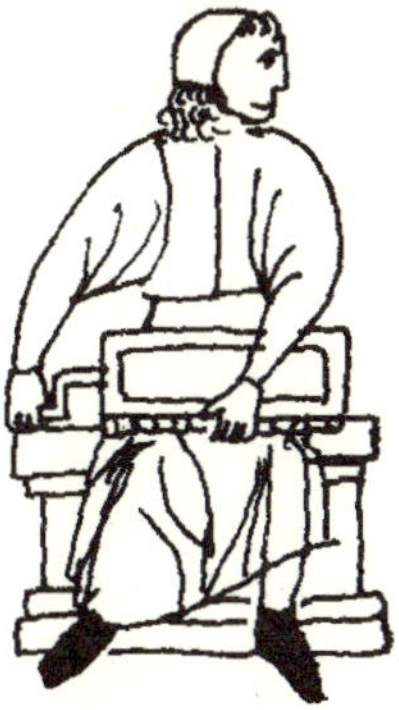

Der Streichbogen der Fiedel war jedoch nicht überall gleich verbreitet und so finden sich im ganzen Mittelalter immer wieder fiedelartige Instrumente, die anscheinend nur gezupft wurden.

Was die Form kaum vermuten lässt, ist dennoch wahr: Die im 12. Jahrhundert entstandene Drehleier ist eine direkte Verwandte der Fiedel, ihre jüngere Schwester sozusagen.

Chrotta

Die Chrotta ist eine Spielart der Fiedel, die sich bis heute erhalten hat. Sie gleicht der bekannten Geige, hat aber einen eckigen Korpus. Das Schallloch ist etwas größer, und der eine Fuß des Stegs ist durch die Decke bis auf den Boden gezogen. In ihrer Stimmung um eine Quint tiefer als die Geige, hat die Chrotta einen weicheren Ton.

Laute

Die Laute, die der Gitarre auf den ersten Blick ähnelt, stammt ursprünglich aus russischen Gebieten und mag über den Balkan und Byzanz nach Europa gelangt sein und dies bereits im 9. Jahrhundert. Damals noch dreiseitig, wurde sie erst mit ihrer Weiterentwicklung durch die Mauren beliebter und zu dem mehrseitigen, birnenförmigen Instrument, das wir heute kennen.

Blasinstrumente

Floete und Schalmei

Neben den Saiteninstrumenten gab es zu allen Zeiten auch die Blasinstrumente, wobei die Urmutter der Blockflöte zu den ältesten dieser Art gehören dürfte. Aus dem Osten kam die Form dieses Blasinstrumentes, dessen Körper sich nach hinten trompetenartig öffnete und dessen Kopf sich verschmälerte, wobei in den Kopf ein Blättchen eingelegt war, dass durch die in das Instrument geblasene Luft in Schwingungen versetzt wurde. Diese als Flute douce (franz. = süße Flöte) bezeichnete Instrument war jedoch nur kurz in Mode, während die gewöhnlichen Blockflöten in verschiedenen Größen das ganze Mittelalter hindurch beliebt waren. Die Schalmei lässt sich erstmals im 12. Jahrhundert in Sizilien feststellen, findet dann aber rasche Verbreitung, da der herbe Ton des Instrumentes vor allem in der Tanzmusik beliebt war, ähnlich wie der Klang der Sackpfeife (Dudelsack), die jedoch erst Ende des 13. Jahrhunderts als vollentwickeltes Instrument nachzuweisen ist.

Portativ

Eines der hübschesten Instrumente des Mittelalters ist mit Sicherheit das Portativ, eine Art Miniaturorgel, die aus antiken Instrumenten hervorging und über die großen Orgeln des byzantinischen Reiches im 8. Jahrhundert in das westeuropäische Mittelalter Eingang fand. Im 9. Jahrhundert wurden in Freising und Straßburg große Orgeln gebaut. Im 10. Jahrhundert in Köln, Rom und Canterbury. Aus Angaben des Mönches Wulfstan wissen wir, dass die großen Orgeln von zwei Männern gespielt wurden, während 70 Männer benötigt wurden, um die 26 Blasebälge zu bedienen!

Da die Orgel immer wichtiger für die Kirchenmusik wurde, mag die Idee entstanden sein, kleine, tragbare Orgeln zum Gebrauch für die weltliche Musik zu bauen, sodass im 13. Jahrhundert schließlich das Portativ entwickelt wurde. Man bediente den kleinen Blasebalg mit der linken Hand und spielte mit der rechten, während man das Instrument an einem Riemen um den Hals trug.

Der Tanz

Geschichte

Zu Lied und Gesang gehörte schon immer der Tanz. In frühen Kulturen war der Tanz oft ein Teil des religiösen Rituals. Heilige Tänze bildeten auch einen wichtigen Teil der religiösen antiken Welt. Daneben war der Tanz aber schon früh ein Ausdruck der Lebensfreude. Im Mittelalter ist die Kunst des Tanzens bereits hoch entwickelt. Es gibt unzählige Kreis-, Reigen-, Paartänze und Balladen mit einer Vielzahl an Figuren und Formen. Zu diesen Tänzen haben sich oft die Noten und manchmal auch Beschreibungen von Chronisten erhalten, die jedoch nur selten die genauen Tanzformen wiedergeben. Bei der Rekonstruktion der Tanzschritte sind wir auf bildliche Darstellungen von Tänzen in Verbindung mit den Beschreibungen der Chronisten und vor allem auf noch heute getanzte Volkstänze angewiesen. Aus diesen drei Elementen lassen sich die alten Tänze relativ gut rekonstruieren, sodass sie von uns nachgetanzt werden können.

Einer der ältesten Tänze überhaupt ist der Kreistanz, der bereits bei den Kelten und Germanen getanzt wurde. Es gibt dabei die unterschiedlichsten Tanzformationen, denen aber allen die Grundaufstellung in Kreisform gemeinsam ist. Zu dieser Gattung gehören unter anderem Erntetänze, der Tanz um den Maibaum, aber auch Waffentänze. Schon lange wissen wir, dass die Tänze um Bäume im Winter kurzerhand in das Innere der Häuser verlegt wurden und man einfach um Tische tanzte, was schließlich zu der Bildung eigener Zimmertanzformen führte (Neidhart von Reuenthal, gest. 1240, „Tanz um den Schragen“, Schragen = Tisch).

Wahrscheinlich genauso alt ist die Form des Balladentanzes, bei der eine bestimmte Anzahl Männer und Frauen benötigt wurde, allerdings nicht in gleicher Paarstärke, die dann zum Vortrag eines Sängers eine Geschichte erzählten. Eine der ältesten Formen dieses Tanzes wird 1704 in den Chroniken des Klosters Kölbegk erwähnt, aus welchen die Gebrüder Grimm ihre Sage von den Bauern von Kolbeck bezogen. Den Berichten zufolge tanzten im Jahre 1012 in der Christnacht, während der Pfarrer die Messe las, fünfzehn Bauern einen Kreistanz und sangen dazu laut. In ihrer Mitte führten dabei drei Frauen eine Pantomime auf.

Die häufigsten Musikinstrumente des Volkes waren dabei Trommeln, Pfeifen, Fiedeln und Dudelsäcke. Die anderen Instrumente mögen vielleicht vereinzelt zu finden gewesen sein, prägten aber nicht unbedingt die Tanzmusik des Volkes, eher die verfeinerten höfischen Tänze.
Eine wichtige Funktion hatten beim Tanz der Vorsänger und der Vortänzer, manchmal wurden beide Ämter durch eine Person bekleidet, öfter jedoch getrennt besetzt. Der Vorsänger trug dabei aber nicht nur die Melodien und Texte vor, sondern gab bei bestimmten Tanzformen auch Anweisungen, welche Figuren zu tanzen waren, ähnlich wie es sich beim amerikanischen Square-Dance erhalten hat. Bei anderen Tanzformen hatte der Vortänzer die wichtigere Funktion inne. Mehrmals finden sich in Chroniken Erzählungen von Vortänzern, die z.B. bei Kreistänzen die Mitte des Kreises einnahmen und vorführten, welche Figuren zu folgen hatten oder bei Reihentänzen die Reihe anführten.
Neben Kreistänzen, die von Paaren getanzt wurden, gab es auch reine Männer- und Frauentänze. Männertänze waren oft Waffentänze oder auch Tänze zur Werbung um Frauen und Mädchen, wie z.B. der Siebensprung. Auch Balladentänze konnten ausschließlich von Männern oder von Frauen getanzt werden. Diesen Tänzen werden wir uns aber noch gesondert widmen.

Tanzformen

Kreis- und Kettentaenze

Eine Variation der Kreistänze waren die Kettentänze. Bei diesen Tanzformen nahmen zunächst alle Tänzer in Kreisform Aufstellung, dann jedoch bildeten der Vortänzer und eine der Tänzerinnen ein Paar und zumeist mit ihren Armen ein Tor, durch das die anderen Paare (oder auch die einzelnen Tänzer) in je nach Tanz unterschiedlichen Schrittfolgen hindurchtanzten, wobei sie jedoch immer wieder zur Ausgangsform des Kreises zurückkehrten.
Neben den Kreistänzen dürften in Kettenformation getanzte Tänze zu den ältesten Formen des Gesellschaftstanzes gehören. Viele Tänze verbanden auch Ketten- und Kreisformen miteinander, andere blieben in einer der beiden Formationen. Verschiedene Felszeichnungen aus der Steinzeit werden als Ketten- und Kreistänze interpretiert und beide Formen spielten noch im Mittelalter eine bedeutende Rolle. Anders als bei den Kreistänzen waren die Kettentänze anscheinend in ihrer Form wesentlich stärker regional geprägt.
Beschreibungen von Kreistänzen in verschiedenen Chroniken weichen oft nur in kleinen Details voneinander ab, selbst wenn sie mit anderen Namen belegt sind. Kettentänze werden dagegen so unterschiedlich geschildert, dass man davon ausgehen

muss, dass es sich tatsächlich jeweils um regionale Sonderformen handelt. Einige Kettentänze gelangten jedoch zu überregionaler Beliebtheit.
Dabei wurden in den historischen Quellen einige Kettentänze als Reigen bezeichnet und erst nähere Beschreibungen lassen die Unterschiede erkennen. Der ursprüngliche Reigen war bei der Obrigkeit unbeliebt. Er war eine typisch bäuerliche Tanzform und konnte recht ausgelassen werden, sodass vor allem die Geistlichkeit immer wieder gegen diesen Tanz wetterte.
Bei dieser einfachsten Kettentanzform hielten sich die Tänzer an den Händen und bildeten eine lange Reihe. Angeführt vom Vortänzer, der seinen Stab der Prozession voraustrug, begann der Tanz nun in verschiedenen Formen. Man bildete Schlangenlinien, geschlossene oder offene Kreise oder Spiralen. Man zog um die Linde, den Maibaum, durch die gute Stube oder durchs Wirtshaus, über Tische und Bänke. Zu dieser ursprünglichen Reigenform sangen die Tänzer gemeinsam. Diese einfache Umzugsform blieb mit Sicherheit aufgrund ihres unbestreitbaren Unterhaltungswertes erhalten, dennoch wurden auch die Kettentänze immer „zivilisierter". Zumeist schritten die Tänzer schließlich in Paar- oder Dreierformation festgelegte Tanzformen ab. Im Zuge dieser Entwicklung wurde der Reigen auch als höfischer Tanz eingeführt, was zu nicht wenigen Klagen führte. Seit dem Beginn des 13. Jahrhunderts wurde der höfische Reigen getanzt und seitdem von den Chronisten bemängelt, was jedoch nicht verhinderte dass vor allem Frühlingstänze gerne und ausgelassen in Reigenform geschritten wurden, von Bauern und Bürgern sicher wilder als von Rittern, aber sicher nicht mit weniger Lebensfreude.

Reigen

Fastnachtstänze wurden anscheinend fast immer in Reigenform getanzt, vielleicht angeregt durch die Tänze um den Maibaum. Ein Reigen wurde bei Hochzeiten getanzt, wobei man durchs ganze Haus zog, und sehr bald – nachdem sie ihn nicht

verbieten konnte – machte sich auch die Kirche den beliebten Tanz zunutze und so zog der Pfarrer mit seinen Schäfchen in einem Reigen im Frühling über alle Felder der Gemeinde, um diese zu segnen. Daneben begannen an Festtagen die Zünfte, in Reigenform durch die Straßen zu tanzen, wobei sowohl der Vortänzer als auch der Tänzer, der den Schluss bildete, die Insignien der Zunft trugen. Auf einer Zeichnung des Germanischen Nationalmuseums in Nürnberg von 1561 ist ein Reigen der Metzgerzunft abgebildet, bei dem sich die Tänzer nicht an den Händen hielten, sondern aus Würsten gebildete Ringe trugen!

Aus Quellen der Renaissance wissen wir von einem Reigen der Bediensteten eines großen Haushalts, bei dem jeder Angestellte Kennzeichen seiner Profession tragen musste. Der Haushofmeister tanzte mit einer Fackel voran, gefolgt vom Koch mit einem Löffel, dem Mundschenk mit einer Kanne, dem Wasserträger mit einer Bütte, usw. Jeder war begleitet von einer Frau mit demselben Gegenstand; fehlte es an Frauen, mussten männliche Bedienstete in Frauenkleidern deren Platz übernehmen. Diese Tänze waren erzwungen und dienten der Unterhaltung des illustren Publikums bei einem Fest des Hausherren. Der Reigen als Tanzform des Volkes diente so den Oberen zur Belustigung. Immer wird von Chronisten und auch in den Darstellungen der Künstler deutlich gemacht, dass der Tanz des Volkes wild, ungezügelt und im

Vergleich zu den feineren Tänzen des Hofes grob war. Selten jedoch führte diese allgemeine Belustigung so weit wie zu der Form eines erzwungenen Tanzes, des Fronreigens.

Reigen, bei denen die Tänzer freiwillig Zeichen ihrer Profession mit sich trugen, wurden aber anscheinend gerne getanzt. So berichten mehrere Chronisten vom sogenannten Käkentanz (Küchentanz), der bei Hochzeiten oder zum Erntedank getanzt wurde. Angeführt wurde diese Prozession von Köchin und Großknecht, wobei die Köchin eine bändergeschmückte Schöpfkelle dem Zug voraustrug. Der Tanzzug wurde dann durch alle zugänglichen Räume geführt, auch durch Keller, Speicher, Scheune und Ställe. Alle dem Zug begegnenden Personen attackierten dabei die Tänzer, die fröhlich zurückschlugen – alles in allem ein anscheinend recht wilder Spaß.

Bei ähnlichen Reigen zu Hochzeiten umkreisten die Tänzer auch die Braut und hinderten den Bräutigam daran, ihr nahe zu kommen. Erst wenn es ihm gelang, ihr eine Schürze über den Kopf zu werfen, gab der Reigen sie frei. Der Umzug des Reigens durch alle Räume, wobei man jede Art von Wirtschaftsgerät mit sich führte, sollte wohl dem Paar Glück bringen und ist aus praktisch allen Regionen Deutschlands bekannt. Lediglich in Mecklenburg tanzte man eine andere Version des Hochzeitsreigens. Hier musste der Tanz, vom Hochzeitspaar angeführt, durch alle Häuser des Dorfes ziehen, um das Glück des Paares in alle Häuser zu tragen.

Waffentaenze

Neben den geselligen Tänzen gab es bereits sehr früh Waffentänze. Meist mit stärkerem zeremoniellem Charakter als die Paartänze. Bereits durch den römischen Schriftsteller Tacitus haben wir Kenntnis von Waffentänzen der Germanen, deren von ihm beschriebene Tanzfiguren in weiten Teilen mit den aus dem Mittelalter überlieferten Waffentänzen übereinstimmen.
Waffen- oder auch Fahnentänze waren reine Männertänze. Im Mittelalter wurden die Schwerttänze dabei von Zünften aufgeführt, die mehr oder weniger mit der Metallverarbeitung zu tun hatten, so z.B. von den Schmiedeknechten. Im weiteren Mittelalter führten dann Akrobaten den Tanz auf, aber auch immer wieder Handwerksknechte oder Bürgersöhne, wohl um ihren Mut unter Beweis zu stellen. Die Chronisten waren darüber äußerst geteilter Meinung und schwankten zwischen Bewunderung und Verachtung dieses ihrer Meinung nach gefährlichen Unsinns. Schwerttänze erhielten sich aber, trotz all ihrer Gegner, bis in unser Jahrhundert.

Frauentaenze

Neben den oft recht streng getanzten Formationstänzen, den Gruppentänzen, den Paartänzen und den Geschicklichkeitstänzen der Männer gab es auch reine Frauentänze, die auf recht alte Formen zurückgehen. Das christliche Mittelalter konnte nicht verhindern, dass reine Frauenreigen durch die Dörfer zogen und den ihnen begegnenden Männern übel mitspielten. Es gibt Berichte von Tänzen der Frauen über die abgeernteten Felder, mit aus Brot oder auch Stroh geformten Männerpuppen.

Rudimentär haben sich diese wilden Prozessionen vielleicht bis in unsere Zeit in der „Weiberfastnacht" erhalten. Die Frauen haben in einer männerbestimmten Gesellschaft in diesen Reigen vielleicht eine Art von Freiheit gefunden und genutzt.
Neben diesen wilden Jagden gab es jedoch auch formellere Frauentänze, meist Kreistänze, z.B. um einen Strohmann her-

um, während die Männer die Frauen in einem weiteren Kreis umstanden. Dazu wurden dann oft Lieder gesungen, in denen man den Strohmann um eine gute Ernte fürs nächste Jahr bat.

Paartaenze

Zu den Formationstänzen gesellten sich bereits im Frühmittelalter die Paartänze. Und nicht etwa nur die Bauern schwenkten ihre Mädchen herum, sondern auch im höfischen Rahmen tanzte man Paartänze. Die erste schriftliche Erwähnung eines Paartanzes findet sich im ältesten erhaltenen Roman der deutschen Literatur des Tegernseer Dichters Ruodlieb aus dem Jahr 1023, wo ein Ritter „gleich dem Falken" seine Frau „gleich einer Schwalbe" mit Sprüngen und Schritten durch den Saal wirbelt.
Dabei waren die Grundschritte der Tänze die noch heute getanzten Walzer, Landler oder Schleifer, die sich nahezu unverändert bis heute erhalten haben.

Beispiele mittelalterlicher Taenze

Ringeltanz mit der Kette

Ursprünglich war dieser Tanz ein Frühlingstanz. Aus den Blüten des Löwenzahns wird eine Kette geflochten (es können natürlich auch alle anderen Blumen oder zur Erntezeit Ähren verwendet werden). Diese Kette tragen die Tänzer, in Kreisform schreitend, während ein zweiter, äußerer Kreis in Gegenrichtung um sie schreitet. Nach und nach gestatten die inneren Tänzer den äußeren durch ihre, zu Toren erhobenen Hände in das Innere des Kreises zu wechseln, sodass schließlich alle Tänzer des zuvor äußeren Kreises nun den inneren bilden. Daraufhin heben alle im Außenkreis Tanzenden ihre Hände mit dem Blütenkranz, bilden Tore, durch welche die Tänzer im Kreis wieder nach außen kommen und der Tanz auf neue beginnt.

Schlooftanz

Die Tanzenden nehmen in Kreisform Aufstellung und fassen sich an den Händen. Der Vortänzer kreuzt die Arme vor dem Körper, den rechten Arm über den linken, und reicht seine Hände den nebenstehenden Tänzerinnen. Er erhebt seinen rechten Arm und bildet so mit seiner linken Tänzerin ein Tor, durch das die Tänzerin zu seiner Rechten, die restlichen Tänzer mit sich ziehend, hindurch tanzt. Die Tänzer schließen sich hinter dem Bogen wieder zum Kreis zusammen. Die Tänzer sollen dabei sehr dicht stehen, da sich dann die Linie der Tänzer, die aus dem Tor kommen, mit dem Kreis schneidet, was ein reizvolles Bild ergibt. Die Tänzer nehmen Aufstellung mit dem Rücken zum Kreis und auch der Vortänzer dreht sich mit seiner Tänzerin. So kann der Tanz erneut beginnen, nun nach innen gerichtet.

Zeuner

Die Tanzpaare marschieren, sich an den Händen haltend, aus der Linie in einen Kreis und vollenden eine ganze Umrundung der Kreisform. Daraufhin löst man die Hände, und die Frauen wenden sich um und gehen gegen die Kreisrichtung, während die Männer in derselben Richtung, in der sie in den Kreis eingelaufen sind, fortschreiten. Treffen sich Vortänzer und Vortänzerin, wechseln diesmal die Männer die Richtung und man umschreitet den Kreis wieder gemeinsam. Diese Figur wird zumeist dreimal wiederholt. Beim dritten Zusammentreffen von Vortänzer und Vortänzerin stellt man sich jedoch gegenüber auf, und die Frauen beginnen mit der rechten Hand einen Kettengang. Dabei gehen sie sozusagen „von Hand zu Hand“. Sie reichen die rechte Hand dem ersten ihnen gegenüberstehenden Mann, die linke dem zweiten, die rechte wieder dem dritten, bis sie wiederum bei ihrem ursprünglichen Partner anlangen. Nun löst sich die Figur zu einem Paartanz auf, wobei jedes Paar etwa zwei bis drei Umdrehungen miteinander tanzt, bevor man die Partner mit dem nächsten Paar wechselt; solange bis jeder einmal mit jedem getanzt hat.

Siebensprung

Der Tanz ist nach den sieben Figuren benannt, aus denen er besteht. Es handelt sich dabei um „Sprünge“, die nicht bloß gesprungen, sondern kunstvoll getanzt werden. Man tanzt dabei in Kreisform, wobei zunächst nur die Burschen Aufstellung genommen zu haben scheinen, während in späterer Zeit die Frauen einen Außenkreis bildeten und ihnen die Aufgabe zukam, auf jede neue Tanzfigur mit heftigen Gebärden ablehnend zu reagieren, um so die Tänzer zu einem weiteren „Sprung“ zu animieren. Eigentlich mitgetanzt haben die Frauen dabei jedoch nicht, lediglich das Tanzgeschehen mit Gesten und Zurufen unterstrichen. Jeder Sprung wurde mit Ausrufen wie „Zum

Ersten", „Zum Zweiten" oder auch „Hopsa", „Juchhee" kommentiert. Oft wurde dabei die Musik von Sprung zu Sprung schneller. Die Burschen sangen manchmal zum Auftakt ein Lied:

Tanz mir mal die sieben Sprünge
Tanz mir mal die sieben
Meinste, dass ich tanzen kann
Tanzen wie ein Edelmann
Sâ ist einer – sâ sind zwei – sâ sind drei – usw.

Ohne Musik und im Chor gesprochen sollte dieses Lied auch die anderen Frauen zum Zuschauen animieren! Zum Auftakt folgen einige Drehungen, Knickse und Verbeugungen bevor man zu den eigentlichen sieben Sprüngen kommt.

1. Sprung: Tatsächlich ein kräftiger Hopser in die Höhe, wobei noch ordentlich mit den Füßen gestampft wird.
2. Sprung: Stampfen mit Linksdrehung und zurück, stampfen mit Rechtsdrehung.
3. Sprung: Sprung und im Niederkommen ein Fall aufs rechte Knie.
4. Sprung: Kniefall nach Sprung auf beide Knie.
5. Sprung: Kniefall auf ein Knie mit Aufstützen des Ellenbogens.
6. Sprung: Kniefall auf beide Knie mit ausgebreiteten Armen.
7. Sprung: Kniefall auf beide Knie und Berühren des Bodens mit der Stirn.

Die umstehenden Frauen können nun durch recht abweisendes Verhalten die Burschen dazu bewegen, den Tanz erneut zu beginnen, wobei die Figuren dann variiert werden:

1. Handschlag auf die Brust oder, anschließend an den Hopser, ein Kniefall und Handschlag auf den Boden.
2. Zusätzlicher Faustschlag auf den Boden.
3. Aufstampfen mit beiden Füßen vor dem Kniefall.
4. Beidseitiger Kniefall.
5. Mit beiden Fäusten auf den Boden schlagen.
6. Wechselseitig die Knie aufstützen, den Ellenbogen darauf setzen und mit der Faust auf den Boden schlagen.
7. Sprung, beidseitiger Kniefall und den Boden küssen

Bei einer dritten Tanzrunde werden die Figuren noch wilder. Die Sprünge gehen in Radschlagen über, die Kniefälle in Purzelbäume, Kerzen oder auch Handstände. Die Musik wird immer schneller und schließlich erhören die umstehenden Mädchen ihre Burschen, die ihnen nach einem letzten Handstand „in den Schoß" fallen können, wenn sich die Damen schnell genug zur letzten Figur niederknien. „Moderne" Figuren im Siebensprung sind das gegenseitige Verbeugen voreinander, Drohen mit dem

Zeigefinger, einzelne Umdrehungen oder auch ein abschließender Kuss. Am Siebensprung nahmen nur Unverheiratete teil, und er war mit Sicherheit kein Tanz, der in höfischen Kreisen „gesprungen" wurde. Bauern- oder Handwerksburschen konnten so im Tanz in aller Ausgelassenheit öffentlich um eine erwählte Schöne buhlen.

Trimmenkranz – schwedisch

Der Trimmenkranz ist eine der ältesten Reigenformen und wurde, mittelalterlichen Beschreibungen zufolge, bereits von den Wikingern getanzt, die ihre Heldenlieder dazu sangen. Der Trimmenkranz ist eine Art Balladentanz in Reihenform. Die Tänzer bilden, sich an den Händen haltend, eine lange Reihe, in der sie nun abwechselnd drei Schritte nach rechts, links oder vorn schreiten, wobei sie jeweils einen kurzen Moment verharren und dann weiterschreiten. Dazu singt man Lieder, deren Inhalt mit Gebärden unterstrichen oder vielmehr „vorgespielt" wird.
Diese Tanzform scheint sehr ruhig und gemessen gewesen zu sein. Zu Götterliedern und Heldenepen mit dramatischen oder tragischen Texten kann man eben nicht wirklich ausgelassen tanzen. Beschreibungen ähnlicher Tänze haben sich auch aus Schottland, Island und den nördlichen Regionen Europas erhalten.

Schwabentanz

Die Tänzer bilden einen Kreis, in dessen Mitte der Vortänzer steht. Man singt gemeinsam die erste Strophe des gewählten Liedes und der Vortänzer wählt eine Tänzerin, die sich nun, immer unter seinem erhobenen rechten Arm durchschlüpfend, trippelnd dreht, bis beide einen Kreis beschrieben haben. Daraufhin umschreitet das Paar einmal innen den Kreis der Umstehenden mit gestelzten Schritten, bei denen die Knie sehr hoch vor den Körper gehoben werden. Die Tänzerin erwählt einen dritten Tänzer, so dass sie nun in der Mitte des Kreises eine Kette bilden. Vortänzer und Tänzerin bilden ein Tor, durch das der hinzugekommene Tänzer mit Trippelschritten tanzt, während die Tänzerin, dem Zug ihres neuerwählten Tänzers folgend, sich unter dem linken Arm des Vortänzers linksherum durchdreht und der dritte Tänzer sich schließlich unter dem rechten Arm seiner Tänzerin rechts herum ausdreht.
Nun durchschreiten sie zu dritt den Kreis im Stolzierschritt und der neue Tänzer wählt eine Tänzerin hinzu. Wieder folgt das Durchschlüpfen des Tores, das Durchdrehen und das Umschreiten, die Wahl eines neuen Tänzers usw., bis sich alle im Kreis Stehenden dem Tanz angeschlossen haben. Den Abschluss bildet das Auflösen der Kette in einen Paartanz (meistens in einer Art Walzerschritt).

Nuernberger Schwerttanz

Sechzehn Tänzer stehen sich in zwei Reihen gegenüber und halten dabei paarweise die Klingen ihrer Schwerter gekreuzt. Unter diesem „Gewölbe“ ziehen die Tänzer hindurch, immer am Ende erneut paarweise ein Tor bildend, bis alle einmal das Gewölbe durchschritten haben.

Die folgende Figur heißt Schwertsprung. Hierbei treten die Tänzer in ihren Reihen zurück und beugen sich leicht vor, um das Schwert des Gegenüberstehenden an der Spitze zu fassen. Die Schwerter werden nun, mit den Schneiden nach oben, horizontal auf Kniehöhe gehalten und die ersten Tänzer der Kette müssen sie nun überspringen, ähnlich einem „gehopsten Hürdenlauf“. Wenn sie die Reihe durchquert haben, bilden sie, wie alle anderen, wieder die Figur und das zweite Paar vollführt den Schwertsprung, was sich solange wiederholt, bis alle Tänzer einmal durch die Reihe gesprungen sind.

Schließlich bilden jeweils vier Tänzer, ebenfalls auf Kniehöhe ein Kreuz mit gleich langen Armen, in das nun zwei Tänzer mit gespreizten Beinen hinein springen, wobei sie sich anblicken müssen. Die Füße stehen dabei in nebeneinander liegenden Kreuzfeldern, während sich die Klinge zwischen den Beinen befindet. Jetzt erheben die Tänzer jeweils den linken Fuß, drehen den Körper um eine Vierteldrehung und setzen den erhobenen Fuß in das rechts angrenzende Feld. Die Tänzer blicken nun nach außen. Die Figur wird nun mit dem rechten Fuß wiederholt, der im links angrenzenden Feld niedergesetzt wird, sodass sich die Tänzer nun wieder anblicken, sich aber am Ausgangspunkt des Partners befinden.

Nun springen sie wieder aus dem Kreuz und alle Tänzer marschieren zu einem Kreis auf. Sie bilden mit ihren Schwertern ein Geflecht, auf der so gebildeten Plattform müssen zwei erwählte Vortänzer ein einstudiertes Gefecht vorführen. Diese Kreisfigur bildet zumeist den Abschluss.

Neben den geschilderten Figuren muss es noch weitere gegeben haben. Die hier beschriebenen waren aber anscheinend die beliebtesten und wurden daher von den Chronisten besonders erwähnt. In Chroniken heißt es oft nur: „Sie tanzten den Nürnberger Schwerter-Tanz.“ Deshalb haben sich keine weiteren Figuren erhalten.

Neben den Waffentänzen tanzte man ähnliche Figuren auch mit Reifen oder Ketten. Diese Tänze waren sehr oft Zunfttänze, entwickelten sich aber wesentlich später als die Waffentänze. Die Zünfte tanzten oft mit Reifen und ebenfalls Schwertern, was die Vielfalt der Tanzfiguren erhöhte. Wiederum scheinen diese Tänze lediglich den Männern vorbehalten gewesen zu sein. In einigen Fällen gibt es Hinweise, dass auch Bauern oder Bürger einen Reifentanz aufführten, doch scheint dies seltener der Fall gewesen zu sein.

Walzer

Walzer tanzt man zumeist auf Musikstücke mit einem 3/4-, selten mit einem 3/8-Takt. Variiert wird dabei die Tanzrichtung durch Links- oder Rechtsdrehungen. Durch die verschiedene Ausführung der Schritte, z.B. Hopsen oder Stampfen, verändert sich das Tanzbild wesentlich.
Walzerwechselschritt: Im ersten Taktviertel wird das Tanzbein in einem weitausladenden Schritt, bei dem betont weich ins Knie gegangen wird, nach vorne gesetzt. Im zweiten Taktviertel folgt das zweite Bein und die Füße werden nebeneinander gesetzt. Im dritten Taktviertel folgt nun ein kleinerer Schritt mit dem zweiten, eben erst nachgezogenen Fuß. Diese Schritte werden wiederholt, wobei durch die verschiedene Schrittlänge und Richtung der Schritte die Drehungen ausgeführt werden.
Hüpfwalzerschritt: Im ersten Taktviertel erfolgt wiederum der Ausfallschritt mit dem Standbein. Durch das Aufschwingen des Spielbeines im zweiten Taktviertel folgt nun ein Hopser auf dem Standbein. Im dritten Taktviertel kommt das Spielbein nieder und wird im Knie bis kurz über den Boden durchgebeugt.

Landler

Beim Landler unterscheidet man heute zwei Grundformen: Den Bayerischen und den Außerbayrischen Landler. Der Außerbayrische Landler zeigt dabei große Verwandtschaft mit dem Walzer. Der heute als Außerbayrischer Landler bezeichnete Tanz wurde in ganz Deutschland getanzt und stellt eine der ältesten Paartanzformen dar. Der bayerische Landler hingegen entspricht wesentlich mehr einer Formationstanzform, die in fünf oder mehr Figuren ausgeführt wird.
Den außerbayrischen Landler tanzt man auf 3/8- oder auch 3/4-Takte. Stärker als die recht offen getanzten Walzer wurden auch hier Figuren getanzt, so z.B. auf einer Kreislinie, auf Zickzacklinien. Auch das Auflösen zu Kreistanzformen oder Reihentänzen findet sich hier.
Auf das erste Taktviertel wird ein vollständiger Gehschritt ausgeführt. Sobald das Spielbein nachgestellt ist, wird das Standbein im Knie gebeugt. Im zweiten Taktviertel wird das Bein langsam wieder durchgestreckt und nun, im dritten Viertel, das Spielbein im Knie gebeugt. Durch die verschiedenen Schrittlängen oder auch das zusätzliche Hopsen vor dem Beugen der Knie wird der Tanz wiederum variiert.

Schleifer

Der Schleifer ist ebenso alt wie der Walzer- oder Landlertanz, obwohl alle Namen der Tänze mit Sicherheit wesentlich jüngeren Datums und nicht mittelalterlich sind. Ähnlich den zuvor beschriebenen Paartänzen tanzt man auch den Schleifer auf einen 3/

4-Takt. Im ersten Taktviertel wird mit dem Standbein ein Schritt nach vorne ausgeführt und das Knie leicht gebeugt, wobei das Spielbein „schleifend“ nachgezogen und im zweiten Taktviertel eng, schräg hinter der Ferse des Standbeins aufgesetzt, wobei das Knie des Standbeins wieder gestreckt wird. Im letzten Taktviertel wird mit beiden, eng beieinander stehenden Beinen nochmals in die Knie gegangen. Danach streckt man die Beine wieder durch.

Viele der noch heute als Volkstänze getanzten Figuren lassen sich bis ins Mittelalter zurückverfolgen. Aus der Zeit des Mittelalters selbst sind die Angaben oft sehr ungenau und deshalb die Rekonstruktionen schwierig, so dass es sich anbietet, auch in den heute noch getanzten Volkstänzen nach ergänzenden Figuren für die mittelalterlichen Kreis-, Reigen- und Paartänze zu suchen.

Lieder

Der schwarze Moench

Was woll wir aber heben an?
Ein neues Lied zu singen.
Wir singen von einem schwarzen Mönch
und seiner Nähterinen.

Und da er zu der Nähterin kam,
Gar schön ward er empfangen.
Umfing ihn mit schneeweißem Arm,
so lagen sie beisammen.

Und da kam es zur Mitternacht,
da läutet man zur Metten.
„Und wüsste das mein Herr, der Abt,
er würd mich selber aufwecken.“

Und da er in den Kreuzgang kam,
Begegnet ihm der Abte.
„Bona dies, lieber schwarzer Mönch!
Wo hast du heut geschlafen?“

„Und wo ich heut geschlafen hab,
Dafür darfst du nicht sorgen;

Nebst einem feinen klaren Wein
Beim Mägdelein unverborgen."

Und da er in das Chor eintrat,
Zu andern Mönchen allen,
Ein Mönch wohl zu dem andern sprach:
Das Mönchlein wolln wir strafen.
Wie nun der Mönch die Red vernahm,
Ließ er die Kutte fallen:
„Die Nähterin soll mir lieber sein,
Als ihr, ihr Mönche alle!"

Und so, der uns dies Liedchen sang,
Er hat gar viel gesungen.
Aus das. Es ist der schwarze Mönch,
Der Kutte nun entsprungen.

Wir zogen in das Feld

Wir zogen in das Feld,
Wir zogen in das Feld,
da hätten wir weder Säckl noch Geld.
Stampedemi alami presente al vostra signori.
Wir kam von Siebentod,
Wir kam von Siebentod,
Da hätten wir weder Wein noch Brot.
Stampedemi...
Wir kamen von Friaul,
Wir kamen von Friaul,
Da hätten wir allesamt gross Maul.
Stampedemi...

Der Herr von Falkenstein

Es reit der Herr von Falkenstein,
Wohl über breite Heide.
Was sah er an dem Wege stehn?
Ein Mädchen in weißem Kleide.
„Seid ihr der Herr von Falkenstein,

derselbe edle Herre?
So will ich beten um den Gefangenen dein,
Den ich will haben zur Ehe."

„Den Gefangenen mein, den geb ich dir nicht,
Im Turm muss er verfaulen.
Zu Falkenstein steht ein tiefer Turm,
Wohl zwischen zwo hohen Mauern."

„Steht zu Falkenstein ein tiefer Turm,
Wohl zwischen zwo hohe Mauern,
So will ich an der Mauern stehn,
Und will ihm helfen trauern."

Sie ging den Turm wohl um und wieder um,
„Feinslieb bist du da drinnen?
Und wenn ich dich nicht sehen kann,
So komm ich von meinen Sinnen.

Ei dürft ich scharfe Messer tragen,
Wie unsers Herrn sein Knechte,
So tät ich mit'm Herrn von Falkenstein,
Um mein Herzliebsten fechten."

„Mit einer Jungfrau fecht ich nit,
Das wär mir immer ein Schande.
Ich will dir diesen Gefangenen geben,
Zieh mit ihm aus dem Lande."

„Wohl aus dem Land da zieh ich nit,
Hab niemand was gestohlen.
Und wenn ich was hab liegen lan,
So darf ichs's wiederholen."

Der Ring

Ich spring an diesem Ringe
Des besten so ichs kann.
Von hübschen Fräulein singe,
Als ichs gelernet han.
Ich ritt durch ferne Lande,
Da sah ich mancher Hande,
Da ich die Fräulein fand.

Die Fräulein von Franken,
Die seh ich allzeit gern,
Nach ihn stehn mein Gedanken,
Sie geben süßen Kern.
Sie sein die feinsten Dirnen,
Wollt Gott, ich sollt ihn zwirnen,
Spinnen wollt ich lern.

Die Fräulein von Schwaben,
Die haben goldenes Haar.
Sie dürfens freilich wagen,
Sie spinnen über lar (kräftig).
Wer ihn den Flachs will schwingen,
Der muss sein nit geringe,
Das sag ich euch führwahr.

Die Fräulein vom Rheine,
Die lob ich oft und dick.
Sie sind hübsch und feine,
Und geben freundlich Blick.
Sie können Seiden spinnen,
Die neuen Liedlein singen,
Sie sind der Lieb ein Strick.

Die Fräulein von Sachsen,
Die haben Scheuern weit.
Darin da poßt (schlägt) man Flachse,
Der in der Scheuern leit.
Wer ihn, den Flachs will possen,
Muss haben ein Flegel große,
Dreschen zu aller Zeit.

Die Fräulein von Bayern,
Die können kochen wohl,
Mit Käse und mit Eiern,
Ihr Küchen die sind voll.
Sie haben schöne Pfannen,
Weiter dann die Wannen
Heißer denn ein Kohl.

Den Fräulein soll man hofieren,
Allzeit und weil man mag,
Die Zeit die kummet schiere (bald),
Es wird sich alle Tag.
Nun bin ich worden alte,
Zum Wein muss ich mich halten,
All diweil ich mag.

Essen im Mittelalter

Essen spielt in der menschlichen Gesellschaft eine zentrale Rolle. Die Literatur aller Zeiten, sei es Fiktion oder Historie, führt in Streifzügen immer wieder an die Speisetafel. Der Historiker wiederum vermag an Hand der Speisen und Essgewohnheiten vergangener Tage Rückschlüsse auf die Kultur, den Stand der Landwirtschaft, den Handel zu ziehen – und auch mit welchen Verordnungen und Vorschriften die Regierenden in diesen Bereichen eingriff.
Ganz abgesehen vom historischen Wert bringt die Beschäftigung mit alten Kochbüchern auch kulinarische Freuden mit sich, denn die alten Rezepte laden zum Ausprobieren ein!

Geschichtlicher Ueberblick
Rezepte

Das älteste uns erhaltene Kochbuch im Zusammenhang mit europäischer Küchengeschichte ist das des Römers Apicius. Es stammt vom Ende des 4. Jahrhunderts. Zwischen diesem und den ersten schriftlichen Kochanleitungen des Mittelalters klafft eine Lücke von fast tausend Jahren. Wohl lässt sich aus den Chroniken dieser Zeit einiges rekonstruieren, doch den Schreibern der frühen Jahrhunderte galten religiöse und philosophische Traktate weit mehr als profane Dinge wie das Essen und dessen Zubereitung.
Wie und was man aß, bestimmte zumeist die Not und nicht die Lust. Einige wenige Speisevorschriften der Kirche lassen Rückschlüsse auf den Speisezettel zu, und in letzter Zeit bringt die Archäologie des Mittelalters ebenfalls einiges zu Tage. Ein großes Hindernis für die schriftliche Überlieferung von Rezepten ist sicherlich die Tatsache, dass die traditionell mit dem Kochen beschäftigten Menschen des Schrei-

bens meist unkundig waren und ihre Rezepte mündlich überlieferten. Man lernte das Kochen wie jedes mittelalterliche Handwerk durch Zuschauen und nicht durch Lesen. Erst nachdem im 13. und 14. Jahrhundert mehr Menschen lesen und schreiben konnten, rückten auch die weltlichen Themen mehr in das Interesse der Schreiber. Heute kennen Historiker etwa 100 Handschriften mit Rezepten aus dem 14. Jahrhundert. Viele sind erst seit kurzem bekannt und die meisten stammen aus dem französischen oder italienischen Raum. Einige der Werke sind sogar in der Sprache der Wissenschaft, in Latein, abgefasst. Die älteste deutsche Kochanleitung ist die „Würzburger Pergamenthandschrift", die ebenfalls aus dem 14. Jahrhundert stammt. Eine wahre Flut von Rezeptsammlungen findet sich schließlich ab dem 15. Jahrhundert. Der Buchdruck beschert uns in allen Bereichen der menschlichen Kultur ein reicheres Feld an Forschungsmaterial. Die im folgenden angesammelten Rezepte stammen deshalb alle aus dem 14. und 15. Jahrhundert, aber dennoch bleibt auch über die früheren Jahre einiges zu sagen. Der gesamte „Unterbau", auf dem die bereits sehr raffinierten Rezepte dieser Aufzeichnungen ruhen, entsteht in diesen frühen Jahren.

Veraenderungen in der Landwirtschaft

Fruehmittelalter

Karl der Große (742 – 814) trug viel dazu bei, die Überbleibsel der Spätantike in das europäische Mittelalter zu verwandeln. Er legte auch, wenn man so will, den Grundstock zu einer mittelalterlichen Esskultur. Der weitblickende Herrscher sorgte durch mehrere Verordnungen und Erlasse dafür, dass sowohl Landbau als auch Handel umstrukturiert und verbessert wurden. Er ließ in bestimmten Gebieten Wein anbauen und in anderen Gemüse. Seinen Mönchen befahl er eine Schrift zur Kräuterkunde zu erstellen, auf die er sich beziehen konnte, wenn er Empfehlungen aussprach, welche Kräuter in allen Teilen seines Reiches angebaut werden sollten, sowohl zu medizinischen als auch zu kulinarischen Zwecken. Er legte Höchstpreise für Getreide fest und verbot in schlechten Erntejahren die Ausfuhr, um Hungersnöte im Volk zu verhindern.

Zunächst jedoch kamen nach dem Tode Karl des Großen schlechte Zeiten. Die Territorialstreitigkeiten unter seinen Erben, das Zerteilen des großen Reiches in drei kleinere – das alles führte zu Unruhen und dazu, dass gerade erst erschlossene Handelswege schon wieder verloren gingen und die Errungenschaften gallo-römischer Bauern in Vergessenheit gerieten. Die Menschen lebten mehr oder weniger von dem, was ihr eigener Acker erzeugte.

In den folgenden Jahrhunderten waren die Herrscher weniger weitblickend oder durch ständige Kriege und Grenzkonflikte weniger mächtig, als dass sie in ähnlicher Weise wie Karl der Große für die einfachen Dinge des Alltages hätten sorgen können. Zwischen 850 und 950 sind nicht weniger als 20 große Hungersnöte verzeichnet.

Hochmittelalter

Nach der Ära der Ottonen kommt unter den Saliern eine langsame, doch stetige Entwicklung in Gang. Das Mittelalter, so wie man es sich gemeinhin vorstellt, entsteht.

In den Jahren von 1096-1099 fand der erste Kreuzzug statt und die zurückkehrenden Kreuzfahrer brachten mehr als nur Geschichten von fernen Ländern und seltsamen Tieren mit zurück. Durch verstärkten Kontakt mit dem byzantinischen Reich und dessen Vermittlerstellung zwischen Orient und Okzident verwandelte sich so manches Detail im Alltag aller Menschen. Gewürze, die längere Zeit nicht oder nur schwierig zu erhalten waren, erreichten wieder die Märkte. Das Geheimnis der Glasherstellung wurde in Europa wieder bekannt und somit auch die Flaschenabfüllung für Weine möglich, eine entscheidende Qualitätsverbesserung. Die islamischen und jüdischen Tafelsitten wurden in Europa Mode. Tischtücher und Geschirr hätten nicht so bald auf Europas Tische gefunden, hätte man nicht unter anderem beweisen wollen, dass man sehr wohl so fein speisen konnte, wie es die Heiden vermochten!

Aber auch europäische Erfinderköpfe kamen wieder in Gang. Man erfand das Kopf- und Brustgeschirr für Pferde und Ochsen. Zuvor hatte man seit den Römern mit einem Halsriemen angespannt, was dazu führte, dass die Tiere sich selbst würgten, wenn sie mit ganzer Kraft anzogen. Durch das neue Geschirr wurde nicht nur das Leben der Zugtiere leichter, sondern auch der Landbau. Zusätzlich kamen Eisenpflüge in Gebrauch und verdrängten die alten Holzpflüge. Dadurch wurde der Boden tiefer aufgebrochen und die Erträge verbessert.

Es herrschte nun eine größere Vielfalt an Getreidesorten. Neben Roggen und Weizen baute man auch Hirse, Gerste, Dinkel und Hafer an.

Und man entdeckte die sogenannte Drei-Felder-Wirtschaft wieder, bei der im jährlichen Wechsel ein Feld mit Getreide und eines mit Gemüse bepflanzt wurde, während man ein drittes brach liegen ließ, um dem Boden Zeit zur Erholung zu geben. Das unberechenbare

Wetter, aber auch Kriege und Seuchen bescherten den Menschen immer noch so manche Hungersnot, doch nie wieder lebten die Menschen in einem solchen „Jahrhundert des Hungers" wie in den Jahren von 850 bis 950.

Mit dem sich immer weiter verstärkenden Handel blühte das Bürgertum in den Städten auf. Da zu den Kreuzzügen jedermann aufgerufen war, zogen auch Bürgersöhne in den Nahen Osten. Und sie berichteten bei ihrer Rückkehr ebenso wie die Ritter von den „persischen Kostbarkeiten". Nach diesen verlangte es bald auch die Handelsherren. Die Kreuzfahrer brachten nicht nur seltsame Pflanzen wie das Basilikum und die Nelke, nicht nur seltene Stoffe, Gold und Schmuck, sondern auch neue Sitten mit. Und nachdem die Bürger schließlich oft mehr Geld als so mancher Edelmann hatten, öffneten sie auf den Straßen der Kreuzfahrer auch Handelswege, wobei vor allem Venedig seine Vormachtstellung ausbauen konnte.

Die Kreuzfahrer brachten zum Beispiel auch den Rohrzucker nach Europa. Doch der war zunächst ungeheuer kostbar und wurde, wie so viele andere Gewürze, beim Apotheker verkauft. Die wichtigste Ingredienz zum Süßen einer Speise war im Mittelalter der Honig und blieb es auch für lange Zeit. Erst als Jahrhunderte später mit der Kontinentalsperre Napoleons der Rohrzucker unbezahlbar wurde, griff man auf die Alternative Rübenzucker zurück und schon 1801 wurde in Schlesien die erste Fabrik zu seiner Herstellung gegründet. Das Verfahren dazu wurde allerdings bereits 1747 von dem deutschen Chemiker Andreas Marggraf entwickelt.

Im Mittelalter war der Zucker also in Europa eine seltene Köstlichkeit. In den arabischen Ländern war sein Gebrauch dagegen schon lange bekannt und beliebt. Die Chronisten berichten von einer Begegnung zwischen Sultan Saladin und Richard Löwenherz, bei welcher der arabische Herrscher seinem europäischen Gegenüber Sherbet kredenzte, eine aus Zuckerrohrmelasse, pürierten Früchten und zerstoßenem Eis (das von Läufern herbeigeschafft wurde) hergestellte Süßspeise. Im weiteren Sinn handelte es sich also um Speiseeis und noch unser heutiges Wort Sorbet stammt vom arabischen Sherbet.

Dabei waren regionale Eigenheiten auf dem Speiseplan, bei aller Entwicklung des Handels, natürlich trotzdem ausgeprägter als heute. Typische mediterrane Gewürze wie Rosmarin und Basilikum fanden erst nach 1500 – und auch dann nur beschränkt – Eingang in die Länder diesseits der Alpen. Wenn sich so mancher reiche Adelige

oder Kaufmann schon die eine oder andere fremde Delikatesse leisten konnte, so waren die einfachen Handwerker und ganz besonders die Bauern doch auf ihre eigenen ländlichen Erzeugnisse beschränkt.
Die Not bestimmte für sie nach wie vor den Speiseplan, denn gehungert wurde fast immer. Zudem waren viele der uns heute so vertrauten Gemüsesorten völlig unbekannt. Moderne Grundnahrungsmittel wie die Kartoffel oder den Reis gab es in Europa noch nicht. Die Getreideähren trugen damals bestenfalls ein Zehntel der heutigen Kornmenge, und ein Verhältnis von 1:4 zwischen Saatgut und Ernte galt als günstig!
Aus dem Osten wurde das Mutterkorn, ein Schimmelpilz, eingeschleppt, der vor allem den Roggen, das wichtigste Getreide der Zeit, befiel. Der Genuss des infizierten Getreides führte zu Fieber, Halluzinationen und baldigem Tod. Durch diese, St. Antonisfeuer genannte, Vergiftung wurden ganze Dörfer und Landstriche entvölkert.
Als sich dann aus Spanien der Sauerdorn in ganz Europa ausbreitete, brachte diese Pflanze einen für sie selbst unschädlichen Parasiten mit, der jedoch den Weizen befiel und die Ernte vernichtete. So wurden nun Landschaften, die vom Mutterkornbefall des Getreides verschont geblieben waren, Opfer eines Schädlings. Die Ausmaße des Hungers waren unvorstellbar.
Die Hungersnöte des Mittelalters trieben die völlig verzweifelten Menschen immer wieder in den Kannibalismus. Räuberbanden, landvertriebene Bauern, von der Not so gezeichnet, dass alles andere belanglos wurde, überfielen Reisende nicht allein, um sich ihrer Habe zu bemächtigen! Sogar in Heiligenlegenden, die für uns heute nicht immer sofort verständlich sind, finden wir Hinweise auf den allerletzten Ausweg aus der Hungersnot. Von St. Nikolaus wird berichtet, dass er drei Kinder wieder zum Leben erweckte, die zerteilt und in ein Pökelfass gesteckt worden waren. Das ist an sich schon grausam genug, aber erst im Lichte der oben erwähnten Umstände wird uns die volle Bedeutung dieser Episode bewusst.

Grundnahrungsmittel

Speisezettel

Die Menschen nahmen meist nur zwei Mahlzeiten am Tag zu sich. Das Essen des einfachen Mannes war in den meisten Fällen Getreidebrei oder Gemüseeintopf, dazu gab es dunkles, grobes Brot, das aus der in Europa am weitesten verbreiteten Getreideart, dem Roggen, gebacken wurde. Man versammelte sich rund um den Esstisch und aß gemeinsam aus großen Schüsseln. Wenn es doch einmal Fleisch gab, wurde es direkt auf dicke Brotscheiben gelegt.

Die Mahlzeiten der Reichen und Mächtigen waren natürlich abwechslungsreicher. Bei einem Bankett legte man größten Wert auf Abfolge und Aromen der gereichten Speisen. Eröffnet wurde die Speisenfolge immer mit einer „sauren" Speise. Mit Obst oder auch Salat, da die hierin enthaltenen Säuren Mund und Magen öffnen sollten. Danach erst war der Magen in der Lage, so glaubte man, die Soßen und Suppengerichte, die „Kochgerichte", aufzunehmen. Als nächstes wurden verschiedene Braten und Soßen und damit der erste Höhepunkt des Banketts gereicht. Danach kamen die Zwischengerichte, Entrements, was sowohl die Zerstreuung der Gäste durch vielfältige Kurzweil als auch eine kleine Folge süßer und salziger Leckereien bedeutete. Daraufhin konnten wieder Hauptspeisen von gesottenem und gebratenem Fleisch, Fisch und Geflügel folgen, dann wieder ein Zwischengericht usw. Je nach Anlass und Bedeutung des Banketts folgte so eine Reihe von Gerichten, bevor man mit einem Dessert, einer schweren Süßspeise, endete.

Anschließend begab man sich in einen anderen Raum, wo die Bediensteten noch die „Rausschmeißer" servierten, kandierte Gewürze wie Ingwer oder Koriander, die sowohl die Verdauung fördern als auch den Atem reinigen sollten.

Es wurden immer mehrere Speisen, die miteinander korrespondierten, gemeinsam aufgetischt und in großen Schüsseln vor mehreren Personen serviert, sodass dem Gast jeweils eine Auswahl an Speisen zur Verfügung stand. Es wurde jedoch nicht erwartet, wirklich alle angebotenen Speisen zu probieren.

Da der Garprozess auch bei den gemauerten Öfen der herrschaftlichen Küchen immer offene Flammen oder zumindest glühende Holzkohlen beinhaltete, waren die Kochgeräte aus Gusseisen, Kupfer und Keramik. Dazu kamen Kochlöffel und Schaumkellen, Siebe und Stamp-

fer und der unverzichtbare Fleischwolf. Die Vielfalt und Abwechslung der herrschaftlichen Speisen führte bereits im Mittelalter zu der Spezialisierung einzelner Köche. In den großen Herrschaftsküchen gab es den Saucier, der allein Soßen zubereitete, den Hateur, der nur die Braten überwachte, aber auch Arbeiter wie den Portier, der das Geschirr verwaltete und betreute und den Broyeur, der nur den Mörser bediente. Diese Spezialisten waren in der Arbeitsteilung der Großküchen unverzichtbar. In den bürgerlichen und ländlichen Küchen bereiteten jedoch nach wie vor die Frauen des Hauses die Mahlzeiten zu.

In den Klöstern hielt man auch im Spätmittelalter daran fest, nur zwei, in der Fastenzeit sogar nur eine Mahlzeit am Tag zu sich zu nehmen. Die zwar gläubige, doch den guten Dingen zugetane profane Welt, machte dagegen bald vier daraus. Direkt nach dem Aufstehen nahm man einen warmen Würzwein mit etwas Brot zu sich. Das eigentliche Frühmal, welches so gegen neun Uhr eingenommen wurde, glich in Zusammensetzung und Speisenfolge dann schon eher unserem Mittagessen. Die dritte Mahlzeit des Tages war die Vesper, die jedoch auch lediglich aus etwas Würzwein und Brot, vielleicht Gebäck, bestand. Die Hauptmahlzeit des Tages wurde zwischen drei und sechs Uhr nachmittags eingenommen.

Brot

An dem zu Tisch gereichten Brot erkannte man mittlerweile den Wohlstand des Hausherren, je weißer das Brot, um so teurer. Feinstes Weißbrot aßen die Reichen und dunkles Roggenbrot die Armen. Unter das ohnehin schon grobe, dunkle Mehl mischten die Ärmsten der Armen zerriebene getrocknete Erbsen oder Linsen oder in der größten Not auch Grassamen, um das Mehl zu strecken und so dem Hunger ein Schnippchen zu schlagen.

Dunkles Vollkornbrot hätte so manchen im Mittelalter erstaunt. Warum dunkles Brot essen, wenn man sich doch helles leisten kann? In der Ständegesellschaft des Mittelalters kennzeichnete alles im Leben den Stand seiner Benutzer. Kleidung, Sprache, Bildung, Wohnung und eben auch die Nahrung zeigten, wer man war und wo man stand.

Getreide und Gemuese

Die im Späten Mittelalter zum Kochen verwendeten Getreidesorten waren Gerste und Hafer, Hirse und auch Reis. Der wohl verfügbare, aber dennoch teure Reis kennzeichnet aber im Allgemeinen die Herrenspeise. Reismehl taucht in einigen Rezepten als Klebe- und Bindemittel auf.

Die am weitesten verbreitete Gemüsesorte war der Kohl. Streng schmeckende Gemüse wie Lauch, Zwiebeln und Knoblauch fanden allerorten viel Anwendung. Möhren, Rüben, Kürbisse und Gurken sowie Fenchel, Erbsen, Linsen und Bohnen waren überall und zu allen Zeiten auf dem Herren- wie auch auf dem Bauerntisch zu finden. Auf dem Land eher als im städtischen Bereich wurden mit Sicherheit auch verschiedene Wildkräuter gesammelt und verzehrt.

Pilze

Pilze wurden nur äußerst selten und regional beschränkt verwendet. Man misstraute ihnen wohl. Erst nach 1500 lassen sich Pilzgerichte, meist in Süddeutschland, nachweisen.

Fleisch

Wild war dem Herrentisch allein vorbehalten. Wild bedeutete jedoch nicht nur Reh, Hirsch oder Wildschwein, sondern auch Dachs, Hase, Bär, Steinbock, Gämse, Eichhorn und sogar Igel. An Wildgeflügel verzehrte man neben den uns heute noch geläufigen Wachteln, Rebhühnern und Fasanen auch Reiher, Schwäne und Kraniche. Jedoch ergaben Untersuchungen der Knochenreste in mittelalterlichen Abfallgruben, dass selbst an ländlichen Adelshöfen der Wildanteil der Nahrung nicht höher als 5% lag.

Bevor man diese Fleischsorten verzehren konnte, musste schließlich zunächst eine erfolgreiche Jagd abgehalten werden und so hat man sie eher in Zusammenhang mit Festen gereicht, um den Gaumen der Gäste mit ungewöhnlichen Genüssen zu kitzeln.

Der Großteil des Fleisches, das in mittelalterlichen Haushalten verzehrt wurde, wurde von Haustieren geliefert. Zu diesen zählten neben Rind und Schwein auch Schaf und

Ziege.
Gerade zu Festtagen bevorzugte man das zarte Fleisch junger Tiere und viele Rezepte basieren auf der Verwendung von Lamm-, Zicklein- oder auch Ferkelfleisch. An Geflügel wurden neben Hühnern, Enten und Gänsen auch Pfauen, Schwäne und Tauben zum Verzehr gehalten. Neben dem reinen Muskelfleisch wurden bei allen Tieren auch in großen Umfang die Innereien verwendet. Herz, Hirn, Leber, Nieren, aber auch die Augen, Füße, Schienbeine und die ganzen, gekochten Köpfe wurden verarbeitet. Nahrung in jeder Form war zu kostbar, um auch nur ein Teil zu verschwenden. Die Küchenmeister fühlten sich dadurch nur um so mehr herausgefordert, das Essen durch die Zubereitung zu veredeln und es in seiner Form wie seinem Geschmack zu verändern.
Je komplizierter die Arbeitsgänge zur Herstellung einer Speise waren und je reicher und vielfältiger die dazu verwendeten Gewürze, um so sicherer können wir sein, dass es sich um eine Speise von der Tafel eines feinen Herren handelt. Dennoch, die Gesellschaft wurde gerade im 14. und 15. Jahrhundert immer reicher und auch die kleinen Leute hatten Anteil an den allgemeinen Verbesserungen, sodass wir vermehrt aus dem 15. Jahrhundert Nachrichten von Bauernhochzeiten haben, die sich nicht nur über mehrere Tage hinzogen, sondern auch den Anstoß der Oberen durch die unmäßige Vielzahl an Gerichten und Getränken erregten.

Fruechte

Neben den bekannten Beerenfrüchten wurden im Mittelalter unter anderem Schlehen, Holunderbeeren und Hagebutten verwendet, dazu Quitten, Äpfel und Birnen. Gegen gutes Geld waren Orangen, Zitronen und Limonen zu erwerben. Sogar Datteln und Feigen wurden, sowohl frisch wie getrocknet, eingeführt. Wal- und Haselnüsse waren weit verbreitet, Maronen dagegen eher für bestimmte Landstriche kennzeichnend. Mandeln wurden importiert und waren dementsprechend teuer. Ihre Verwendung kennzeichnet die Herrenspeise.

Kraeuter

Da die Handelswege unter der Herrschaft Karls des Großen wieder ausgebaut worden waren, standen zumindest den Reichen auch die Gewürze des Orients zur Verfügung. Das Alltagsessen des Frühen Mittelalters darf man sich aber – mit einigen Ausnahmen – eher fade vorstellen, was sich jedoch nach den Kreuzzügen änderte.
Vor allem im Spätmittelalter waren die zur Würze dienenden Kräuter ungefähr dieselben, wie sie noch heute in den Küchen zu finden, aber aufgrund der vielfältig verfügbaren Fertig-Würzmischungen leider etwas aus der Mode gekommen sind. Neben Petersilie und Schnittlauch wurden im Mittelalter ganz alltäglich Salbei, Minze, Anis, Dill, Kümmel, Liebstöckel, Fenchelsamen, Kerbel, Senfkörner, Brunnenkresse, Wacholderbeeren, Sellerie und Meerrettich verwendet. An Importgewürzen waren Pfeffer, Muskat, Muskatblüte, Zimt, Kardamon, Ingwer, Galgant, Nelken und Safran verfügbar. Ein Pfund Safran, muss man dabei bedenken, stellte beispielsweise den Gegenwert eines Pferdes dar.
Die Speisen der Herrschenden waren natürlich vielfältiger, als die der einfachen Menschen. Größere finanzielle Mittel ermöglichten den Zugang zu importierten Gewürzen und weniger körperliche Arbeit bedeutete mehr Zeit für die Zubereitung der Speisen. Dennoch bestand auch hier die erste Mahlzeit des Tages oft aus verschiede-

nen Getreidebreien.
Neben Lebensraum, sozialem Stand und Jahreszeit bestimmte ein weiterer Faktor, was tagtäglich auf den Tisch kam. Das Kirchenjahr des Mittelalters kannte an die 100 Festtage, natürlich mit regionalen Unterschieden. Und diese wurden von allen Menschen, wenn möglich, kulinarisch ausgenutzt! Aus den Haushaltsbüchern herrschaftlicher Häuser geht hervor, dass die Einkäufe vor großen Festen außerordentlich zunahmen. Neben den kirchlichen Festen wurden jedoch auch ganz weltliche Gelegenheiten gefeiert. Vor allem Hochzeiten boten einen beliebten Anlass, bei Arm wie Reich, ausgiebig zu feiern. Zum Feiern gehörte neben arbeitsfreier Zeit, Musik und Tanz natürlich auch das Verzehren nicht alltäglicher Speisen und das, wenn möglich, in unglaublichen Mengen!
Neben Feiertagen, an denen geprasst werden durfte, gab es von Seiten der Kirche aber auch Vorschriften für die Fastenzeit. Verboten war an Fastentagen nicht nur der Genuss von Fleisch, sondern auch der von Milch, Quark, Käse und Eiern. Gefastet wurde an 40 Tagen vor Ostern, an drei Tagen vor Christi Himmelfahrt und an weiteren religiösen Feiertagen jeweils für einen Tag. Außerdem galt das Fastengebot auch an Freitagen und Samstagen, an denen es jedoch zumeist weniger streng befolgt wurde. Insgesamt wurde an rund 130 Tagen im Jahr nach dem Willen der Kirche gefastet und die Speisepläne der Menschen tragen diesem Umstand Rechnung, wenngleich Fasten nicht gleichbedeutend mit Hungern war.

Haltbarmachung

Neben den geographischen Gegebenheiten spielten auch die Jahreszeiten eine wesentlich größere Rolle, als uns das heute bewusst ist. Im Winter waren frisches Obst und Gemüse auch für viel Geld nicht zu beschaffen. Man musste von dem leben, was man für den Winter haltbar gemacht hatte. Dauerte dieser ungewöhnlich lange oder hatte man sich mit den Vorräten verkalkuliert, drohte ein ums andere Mal Hunger.

Wintergemüse, wie Möhren, Rüben und Kohl, wurden eingelagert. Ebenso die haltbaren Obstsorten wie Äpfel und Birnen. Andere Obstsorten oder auch Hülsenfrüchte wie Erbsen oder Linsen wurden getrocknet aufbewahrt. Auch Nüsse wurden eingekellert. Andere Gemüsesorten wurden durch das Einstampfen in Salzlake haltbar gemacht, ein Verfahren nach dem man heute noch Sauerkraut herstellt. Fleisch wurde ganz ähnlich haltbar gemacht: getrocknet, gesalzen oder auch geräuchert.

Daneben wurden auch Fische – süß, sauer oder salzig eingelegt – in größerer Menge haltbar gemacht. Manche dieser Fischrezepte sind nur regional nachweisbar, während viele andere Rezepte in weiteren Teilen des mittelalterlichen Europas bekannt gewesen zu sein scheinen. Fisch verzehrte man, fern von Gewässern, am häufigsten zur Fastenzeit, doch auch als Abwechslung im Speiseplan.

Da Fisch in der Fastenzeit sehr häufig auf den Tisch kam, finden sich gerade bei den Fischrezepten einige der einfallsreichsten. Fisch wurde gesotten, gebraten, püriert, in Gelee serviert oder zu Pasteten und Klößen verarbeitet. Als Geliermittel des Mittelalters diente übrigens die Schwimmblase des Hausen, einer Störart, die, in Wasser aufgelöst, wie heutige Blattgelatine verwendet werden konnte.

Auch Eier wurden in Salzlake eingelegt, sodass man auch in Zeiten, zu denen die Hühner nicht legten, über Eier verfügen konnte. Milch wurde in großen Mengen zu Käse verarbeitet oder zu Sauermilch vergoren, da diese haltbarer war als gewöhnliche Frischmilch. Die von der Käseherstellung übrigbleibende Molke war übrigens ein beliebtes Getränk.

Zubereitung

Gegrillt, gebraten, gesotten, püriert und zu Klößen geformt und erneut gekocht, geröstet etc. Immer war Fleisch mit Kräutern und Salz stark gewürzt, unter anderem auch deshalb, weil es zu Haltbarkeitszwecken nun mal gepökelt oder getrocknet werden musste oder sonst im rohen Zustand schon mal einen leichten, unerwünschten Beigeschmack haben konnte, den die Würze zu überdecken hatte. Manchmal, vor allem bei Wild, war und ist dieser Beigeschmack aber erwünscht. In solchen Fällen sprechen wir auch heute noch vom sogenannten Hautgout. Auch den Reichen

war es nicht möglich, auf Lebensmittel einfach so zu verzichten, nur weil die Zunge zu verwöhnt war.

Die Köche sowohl der frühen wie auch der späteren Jahre legten ihren ganzen Ehrgeiz beim Zubereiten der Speisen in die Verfremdung der Ausgangsform. Alle Speisen wurden oft nicht nur einem einzigen Garprozess unterzogen, sondern immer wieder zerkleinert und erneut in eine andere Form gebracht. Gemüse erachtete man anscheinend erst als essbar, wenn es jede Form und ursprüngliche Farbe verloren hatte. Es wurde solange gekocht, bis es vollständig zu einem Mus zerfiel (Spargel z.B. bis zu vier Stunden). Danach wurde das Gemüse unter Zusatz von färbenden Gewürzen und mit Hilfe von Formen und Sieben in eine sowohl Gaumen wie auch Auge ansprechende Darreichungsform gebracht. Unser heutiges Wort „Gemüse" erinnert noch an diese mittelalterliche Kochleidenschaft, bedeutet es doch „die zu Mus gekochte Speise".

Kaese

Eine weitere große Kunst der Köche des frühen Mittelalters war die Käseherstellung. Kuhmilch wurde zumeist zu nichts anderem verwendet. Kühe waren seltene Tiere. Sie kosteten zuviel Futter um sie großzuziehen.

Gebuttert wurde die Milch nur in den seltensten Fällen, denn Butter fand nur in wenigen besonderen Spezereien Anwendung. Man kochte mit Schweineschmalz oder Rindertalg. Aus der Kuhmilch stellte man eben Käse her und diesen in großer Sortenvielfalt. Die Lieblingskäsesorten Karl des Großen z.B.

waren Brie, Munster und Roquefort. Aber auch aus Ziegenmilch wurden bereits verschiedene Käsesorten hergestellt und auf diese Kunst verstanden sich auch die einfachen Bauersfrauen.

Getraenke

Wein war eines der Hauptgetränke. Allerdings hat der Wein des Mittelalters wenig bis gar nichts mit heutigen Weinsorten zu tun. Er war eher ein „Getränkegrundstoff“, dem fast immer diverse Zusatzstoffe zugesetzt wurden: Er wurde mit Wasser, Fruchtsäften oder auch Essig versetzt; man fügte Harze, Honig, Früchte und Gewürze hinzu. Kurzum: Man transformierte die Ausgangsflüssigkeit zu einem Würzgetränk. Heutige Glühweine, der spanische Sangria oder auch die geharzten Weine Griechenlands vermitteln einen Eindruck vom Einfalls- und Geschmacksreichtum der mittelalterlichen Weingetränke.

Will man also heute ein mittelalterliches Mahl abrunden, sollte man auf die genannten zurückgreifen. Auch bieten sich die aus Spanien und Italien verfügbaren süßen Likörweine an.

Zugesetzte exotische Gewürze machten solche Getränke natürlich zu einer Angelegenheit der wohlhabenderen Zeitgenossen. Das Volk trank Met, Apfelwein und vor allem – Bier. Auch für letzteres sind die Rezepte so vielfältig, wie man es sich nur denken kann. Jede Hausfrau mit einigem Ehrgeiz verstand sich auf die Bierbrauerei und hatte ein eigenes Rezept.

Das Bier wurde dabei nach obergäriger Brauart hergestellt. Die untergärige Brauart wurde erst um 1500 erfunden. Mittelalterliche Biersorten sind heute also alle Arten von Alt- oder Rauchbier, Kölsch oder auch Hefeweißbier. Zu den herkömmlichen Bierbrauzutaten kamen im Mittelalter, ganz ähnlich wie beim Wein, Würzzusätze, so z.B. Wacholder, Farnkraut oder auch Lavendel, die dem Bier nicht nur einen ganz eigenen Geschmack ver-

liehen, sondern es auch zu medizinischen Zwecken verwendbar machten. Selbst rauschverstärkende Zusätze, wie Bilsenkraut oder Tollkirsche wurden beigemengt – übrigens ein wichtiger Grund für die Einführung des Reinheitsgebotes!

Aus den USA, Belgien oder Frankreich sind heutzutage Biersorten mit Geschmackszusatz zu beziehen (Kirschbier u.ä.). Wer experimentierfreudig ist, mag sein Glück (und die Widerstandsfähigkeit seines Magens) versuchen.

Die neue Lust am Essen

Im Laufe des 14. Jahrhunderts kam die Mode auf, große Speisenfolgen mit ungewöhnlichen Schaugerichten zu krönen. Mehr als heute galt dem Mittelalter: „Das Auge isst mit!“ So steckte man gebratene Vögel wieder in ihr Federkleid, baute Käfige aus Pastetenteig, in denen lebende Singvögel saßen oder umkleidete die Wildschweinpastete mit Teig in Form eines Schweinskopfes und ließ diesen beim Auftragen Feuer speien.

Solcherlei Schaugerichte führten in der Renaissance zu ganzen Tischdekorationen aus Teig, wie anlässlich der Hochzeit Herzog Wilhelms V. von Bayern mit Renata von Lothringen 1568, bei der ein ganzes Labyrinth aus Teig aufgetragen wurde, in dem die Göttinnen Ceres, Diana und Pomona lustwandelten, vervollständigt durch einen Zoo mit bekannten, wie auch Fabeltieren.

Neben der reinen Verfremdung der Form durch das Garen und erneutes Formen und Braten, spielten die Köche des Mittelalters vor allem mit Farben. Das Essen sollte das Auge erfreuen, sollte alle Sinne ansprechen und deshalb färbten sie, was das Zeug hielt. So wurde z.B. ein weißer Reisbrei bereitet, in der Schüssel angerichtet, eine Hälfte jedoch mit Eidotter und Safran gelb gefärbt und so ein hübscher Kontrast geschaffen. Auch wurden z.B. im ganzen gebratene Hühner, Kapaune oder Schwäne kurz vor Ende des Bratvorganges mit einem Farbmantel überzogen und so der eine gelb, ein zweiter weiß, ein dritter vielleicht blau gefärbt aufgetragen. Vor allem Soßen wurden stark verfärbt, wobei die Farbe nicht immer in Zusammenhang mit dem Geschmack stand, der Soße aber oft den Namen gab (Rosafarbene Knoblauchsoße!).

Um diese Verfärbungen zu erreichen, griff man in den meisten Fällen auf natürliche Farbstoffe zurück. Grün erhielt man durch die Zugabe stark färbender, grüner Blattgemüse wie Spinat oder Mangold. Reismehl und Mandelmus erzeugten Weiß, Zimt färbte Braun, Safran Gelb, Traubensaft Rot oder Violett, Himmelblau erreichte man durch die Zugabe von Brombeermus und Schwarz färbte man mit Pflaumen, Geflügelleber oder schwarz geröstetem Brot. Verwendet wurden aber auch „künstliche“ Farbstoffe wie roter Sandelholzsaft, der eine altrosa Farbe erzeugte oder Zedernsaft, auch Drachenblut genannt, der zur Rotfärbung eines Milchreises eben dieses Namens diente. Die Färberflechte färbte violett oder blau. Der geneigte Leser mag mit modernen Lebensmittelfarben experimentieren – wesentlich mehr Freude bereitet jedoch die Zubereitung mit authentischen Farbzutaten.
In den Häusern der Bauern und der einfachen Bürger hingegen wird wohl derselbe Eintopf den ganzen Tag auf dem Feuer gekocht haben und die Essenszeiten werden sich stärker nach dem Rhythmus des Arbeitstages gerichtet haben als in den Häusern des Adels oder der Kaufherren. Dennoch legen die Uhrzeiten, zu denen man die Mahlzeiten zu sich nahm, nahe, dass man im Mittelalter wesentlich früher das Tagwerk begann und den Tag auch früher als heute enden ließ. Bestimmend für den Tagesablauf war das Tageslicht, das ganz umsonst Helligkeit spendete und weder rußte noch rauchte und kein teures Geld kostete, wie die künstlichen Lichtspender Fackel, Kerze oder Öllampe.

Gesetze

Das Mittelalter und seine Herrscher erließen nicht weniger Gesetze als die heutige Bürokratie, nur war ihre Durchsetzbarkeit deutlich beschränkter. So wurden denn auch, um jede Maßlosigkeit zu vermeiden, auch zum Speiseplan Verordnungen erlassen. Man muss sich stets vor Augen halten, dass der Mensch des Mittelalters von einer Gläubigkeit war, die wir heute nur schwer nachvollziehen können und dass Völlerei eine Todsünde war.
Die Verordnungen regelten ganz nach Rang und Stand des Gastgebers die Speisenfolge, Anzahl der Gäste und Dauer des Festes. Allzu viel Wirkung zeigten sie jedoch nicht. Die Verordnungen spiegeln jedoch indirekt die bestehenden Zustände wider.

Tischsitten

Im 13. und 14. Jahrhundert finden wir nicht nur die ersten Rezeptsammlungen des Mittelalters, sondern auch einen der ersten Kritiker der Tischsitten. Wolfram von Eschenbach, einer der bekanntesten deutschen Minnesänger, mokierte sich über die neumodische Sitte, dass zum Essen Männer und Frauen bunt gemischt nebeneinander saßen, denn im frühen Mittelalter pflegten Männer und Frauen an verschiedenen Tischen zu speisen.

Die wichtigsten Essgeräte des Mittelalters waren die Hände. Selbst Suppen waren zumeist so dickflüssig, dass man bei Tisch auch einmal ohne Löffel auskommen konnte. Zum Zerteilen größerer Fleischstücke hatte man ein Messer. Dieses Messer trugen die Gäste meist bei sich, ein jeder benutzte also sein eigenes. Alle anderen Speisen wurden höchst zierlich und manierlich mit den Händen verspeist. Gabeln mit zwei Zinken waren zwar als Vorlegebesteck für Fleisch bekannt, wurden jedoch nicht zum Essen benutzt. Als Besteck kam die Gabel erst im 17. Jahrhundert in Europa in Mode. Auf den meisten Tafeln wurden Schüsseln mit Wasser und Tücher bereitgestellt, sodass die Gäste zwischen den Speisefolgen immer wieder ihre Hände reinigen konnten.

Selbst an den herrschaftlichen Tafeln war Essgeschirr weitgehend unbekannt. Man teilte sich zumindest zu zweit einen Becher und ein Tafelmesser. Teller, oder besser Schüsseln, waren auch hier ungebräuchlich und man verwendete in den ersten Jahrhunderten des Mittelalters weder Tischtuch noch Servietten. Das bedeutet jedoch nicht, dass man keine Tafelsitten hatte. Auch mit den Fingern verstand man, außerordentlich manierlich zu essen.

Auch im Hohen Mittelalter noch teilten sich zumeist mindestens zwei Gäste Teller und Becher, da das Tafelgeschirr sehr teuer war. Lediglich sehr hohe Gäste erhielten eigene, oft goldene Teller und Becher. Es war ein Teil der Minne, dass der Herr seiner Tischdame besonders schöne, zerteilte und kulinarisch ansprechende Häppchen vorlegte, die sie nur noch mit spitzen Fingerchen naschen musste.

Rezepte

Mandelmilch

Mandelmilch ist eine der Hauptzutaten der feinen mittelalterlichen Küche. Viele Rezepte – und nicht allein die Süßspeisen – benötigen diese Zutat. Oft wurde in Rezepten, in denen ursprünglich „echte“ Milch verwendet wurde, diese in der Fastenzeit durch Mandelmilch ersetzt. Auch als Getränk wurde Mandelmilch gereicht, dann jedoch mit Wein zubereitet.

Zutaten für ca. 1/4 Liter:

150 g geschälte Mandeln, 1/2 l Wasser (oder Wein oder ein Gemisch 1:1).

Zubereitung:

Die Mandeln mit einem Mixer zu einem Püree verarbeiten. Die Masse ist leicht ölig. Dann Wasser oder Wein zufügen und weiter pürieren, bis eine milchig-weiße Flüssig-

keit entsteht. Benötigt man die Mandelmilch zum Kochen, kann sie so direkt verwendet werden, will man eine feinere Mandelmilch, sollte man das Gemisch durch ein sehr feines Sieb oder ein sauberes Tuch abgießen. Die Flüssigkeit dabei mehrmals über die im Sieb zurückgebliebene Masse laufen lassen.

Suppen

Suppe mit frischen Kraeutern

Im Originalrezept ist statt Spinat frischer Borretsch angegeben, eine Gewürzpflanze, die noch zur Zeit unserer Großmütter in Deutschland angebaut wurde, heute jedoch schwierig aufzutreiben sein dürfte. Wer Zugang zu dem Gewürz hat, sollte das Rezept in seiner Originalzusammensetzung versuchen, allen anderen sei Blattspinat als Ersatz empfohlen. Mangold erhält man bei guten Gemüsehändlern, oder auch bei Biobauern, die das Gemüse sehr schätzen. Diese Suppe ist ein Frühjahrsgericht, da zu dieser Zeit Spinat und Mangold zu haben sind.

Zutaten:

1 1/2 l Rindsbouillon, 500 g Mangoldblätter, 1 Strauß Petersilie, 1 Strauss Minze, Salz, Pfeffer.

Zubereitung:

Vom Mangold nur die Blätter verwenden, die Rippen finden in anderen Rezepten Verwendung. Den Mangold und den Spinat gut waschen und dann in kochendes Salzwasser geben. Nach 5-7 Minuten herausnehmen, sodass die Gemüse ihre grüne Farbe behalten. Sehr fein schneiden oder im Mixer pürieren.

Anschließend die Kräuter waschen und fein schneiden. Die Minze dabei zuletzt und gesondert verarbeiten, sonst verliert sie ihr Aroma.

In der Zwischenzeit die Bouillon zum Kochen bringen und die verarbeiteten Kräuter und Gemüse hinzugeben. Abschmecken und servieren.

Kuerbissuppe

Der heute bei uns verbreitete Riesenkürbis stammt aus Nordamerika und war daher im europäischen Mittelalter nicht bekannt. Verwendung fand, vor allem auch zu medizinischen Zwecken, der aus Nordafrika stammende Flaschenkürbis. Da dieser jedoch heute schwer zu beschaffen ist, können sie auch den gewöhnlichen, bei guten Gemüsehändlern erhältlichen, orangen Riesenkürbis verwenden.

Zutaten:

2,5 kg Kürbis, 1 l Mandelmilch, 60 g Butter, Salz.

Zubereitung:

Den Kürbis schälen und entkernen. Das Fruchtfleisch in Stücke schneiden und ca. 10 Minuten in sprudelndem Salzwasser kochen. Je nach Kürbisart müssen sie den Kochvorgang beobachten, da das Fruchtfleisch zwar gegart, aber noch fest bleiben soll. Die Kürbisstücke abgießen und pürieren, zu der Mandelmilch geben und salzen.

Kirschsuppe

Das Rezept ergibt eine feine, süße Suppe. Verwendet man Kirschen aus dem Glas, kann man sie mit Wein und dem Einwecksaft aufkochen, mit dem Reismehl binden und dann weiter wie im Rezept verfahren.

Zutaten:

500 g Kirschen, 150 – 200 g Zucker, Weißwein, 50 g Reisstärke, 4 Scheiben Weißbrot, Zucker und Zimt zum Bestreuen.

Zubereitung:

Kirschen waschen, entstielen und entsteinen, dann mit dem Weißwein und Zucker in einem Topf ca. 10 Minuten garen. Das Reismehl mit etwas Wasser anrühren und dann unter ständigem Rühren unter die Suppe heben. Die Butter in einer Pfanne schmelzen und das Weißbrot darin von beiden Seiten anbräunen. In tiefe Teller geben und die Suppe darüber gießen. Mit Zimt und Zucker bestreuen und servieren.

Kichererbsensuppe

Kichererbsen waren im Mittelalter eine verbreitete Frucht. Es existierten zwei Arten, rote und weiße Kichererbsen. Heute findet man nur noch die weiße Art, und auch diese in Deutschland häufig nur in türkischen Lebensmittelläden oder im Reformhaus. Je nach Einkauf, ob sie die Erbsen in Dosen oder getrocknet erhalten können, sind einige der Arbeitsschritte unnötig!

Zutaten:

200 g Kichererbsen, 1 EL Mehl, 2 EL Olivenöl, 10 grob zerstoßene Pfefferkörner, 1/2 TL Zimtpulver, frischer Salbei, Rosmarin, Petersilienwurzel (oder Stängel), Salz

Zubereitung:
Getrocknete Kichererbsen bereits am Abend zuvor in lauwarmen Wasser einweichen. In einem großen Topf das Mehl, das Öl, den Pfeffer und den Zimt vermischen. Die abgetropften Kichererbsen untermischen und mit kaltem Wasser bedeckt zum Kochen bringen. Falls nötig den entstehenden grauen Schaum abschöpfen. Die Kräuter zugeben und etwa 2 Stunden auf kleiner Flamme köcheln lassen, sodass die Kichererbsen ganz weich gekocht sind. Salzen.

Suppe mit Mandelmilch

Diese Suppe wurde unter anderem für Kranke als Stärkung sehr empfohlen. Dann sollte man jedoch auf die Zwiebeln verzichten, da man der Meinung war, alles Scharfe schade dem Genesungsprozess. Zucker war übrigens ein sehr teures importiertes „Gewürz“ und wurde als solches zum Würzen, nicht zum Süßen verwendet.
Zutaten:
200g ungeschälte Mandeln, 300 g Zwiebeln, etwa 2 l Wasser, 2 oder 3 Scheiben dunkles Landbrot, 1 walnussgroßes Stück Butter.
Zubereitung:
Zwiebeln schälen und waschen, dann etwa 20 Minuten in den 2 Litern Wasser gar kochen. Abgießen und Kochwasser aufbewahren. Die Zwiebeln beiseite stellen. Mandeln mit kochendem Wasser überbrühen und dann schälen. Zusammen mit etwa einem Viertel des Zwiebelwassers im Mixer pürieren, bis eine sämige weiße Flüssigkeit entsteht, gegebenenfalls noch Flüssigkeit zugeben. Durch ein Passiersieb streichen. Die gekochten Zwiebeln klein hacken und mit der Butter in einem Topf anschwitzen. Die Mandelmilch erhitzen bis sie kocht und die Zwiebeln und Butter zugeben. In Schüsseln über das Brot gegossen servieren.

Gemüse

Gebackene Zwiebeln

In wesentlich größerem Umfang als heute wurden im Mittelalter Zwiebeln und Knoblauch gegessen. Von uns heute mehr oder weniger als Würze gebende „Kräuter" eingesetzt, waren sie im Mittelalter anerkannte und gern gegessene Gemüsesorten.

Zutaten:

600 g Zwiebeln, 40 g Butter, 1 EL Honig, 1/8 l Weißwein, Salz, 4 EL süße Sahne, 2 EL gehackte Kräuter.

Zubereitung:

Die Zwiebeln schälen und in gut 1 cm dicke Scheiben schneiden. Das Fett zerlassen und den Honig darin auflösen. In dieser Mischung die Zwiebelringe andünsten, dann den Wein zugeben und zugedeckt gut 20 – 30 Minuten auf mittlerer Hitze köcheln. Salzen, Sahne angießen und mit den Kräutern abschmecken.

Weiser Porree

Dieses Rezept existiert in verschiedenen Varianten. An gewöhnlichen Tagen wurde halb Kuhmilch, halb Rinderbrühe verwendet, an mageren nur Milch und in der Fastenzeit Mandelmilch, da jedes Tierprodukt verboten war. Je nach Geschmack mag der Koch heute damit experimentieren.

Zutaten:

2 kg Lauch, 1 ½ l Kuhmilch, 3 Zwiebeln, 100 g trockene Brotkrume, Öl, Salz.

Zubereitung:

Den Lauch sorgfältig verlesen und nur das Weiße behalten. In Stücke schneiden und einige Minuten in kochendem Salzwasser überbrühen. Abtropfen lassen und beiseite stellen.

Die Zwiebeln würfeln und in Öl glasig dünsten. Das Brot in 1/2 l warme Milch einweichen. Die restliche Milch mit den Zwiebeln und dem Lauch in einen Topf geben und erhitzen. Das Brot mit einer Gabel zerdrücken und durch ein Sieb streichen. Zu dem Lauch geben und eine halbe Stunde auf kleiner Flamme garen, bis die Masse eingekocht ist. Salzen und wie eine dicke Suppe servieren.

Gruener Porree

Zutaten:
1,7 kg Mangoldblätter oder jungen Mangold, 200 g gepökelte Schweinebrust, 2 EL gehackte Petersilie, 1 EL gehackter Fenchel, 1 l Fleischbrühe, Salz.
Zubereitung:
Vom Mangold nur die grünen Teile verwenden. Sorgfältig waschen und in Streifen schneiden. In kaltem Wasser einweichen. Das Wasser einmal wechseln. Dann das Gemüse herausnehmen und ausdrücken. Schweinebrust in Streifen schneiden und in der Brühe kochen. Mangold, Petersilie und Fenchel zugeben und ca. 15. min kochen. Abschmecken und servieren.
Porree von Kresse für die Fastenzeit
Dem Rezept kann gut 100 g Quark oder Frischkäse zugesetzt werden, nur ist es dann kein Fastengericht mehr!
Zutaten:
4 oder 5 Bündel Kresse, 1 Handvoll Mangoldblätter, 1 l Mandelmilch, Öl Salz.
Zubereitung:
Kresse und Mangold waschen und hacken. Dann in Salzwasser ca. 8 Minuten kochen. Abtropfen lassen und in Öl andünsten. Mandelmilch zugeben und abschmekken.

Schwarzer Porree

Die dunkle Farbe entsteht durch den sehr dunkel angebratenen Speck.
Zutaten:
1,5 kg Mangold, 200 g getrocknete und gesalzene Schweinebrust (möglichst fett), 1 L Wasser, Salz.
Zubereitung:
Den Mangold waschen und fein schneiden. Mit kochendem Salzwasser überbrühen, dann abgießen. Schweinebrust würfeln und in einem Schmortopf langsam auslassen. Den Mangold zugeben und eine Viertelstunde dünsten. Wasser angießen und ca. 10 min. köcheln lassen. Abschmecken.

Linsenpueree

Das Rezept kann auch mit Erbsen, Kichererbsen oder Bohnen hergestellt werden. Die farblichen Varianten sind sehr hübsch, wenn man z.B. nur gelbe Erbsen verwendet

oder nur rote Linsen, nur grüne Bohnen etc.
Zutaten:
500 g grüne Linsen, 1 Kräuterstrauß (Petersilie, Salbei, Rosmarin, Basilikum), 3 EL Olivenöl, 5 oder 6 Safranfäden, 6 El geriebenen Parmesan, 4 geschlagene Eier, Salz.
Zubereitung:
Die Linsen mit dem Kräuterstrauß und dem Safran in der vierfachen Menge Wasser kochen, bis das Wasser reduziert und die Linsen gar sind. Kräuterstrauß herausnehmen und die Linsen durch die Gemüsemühle drehen. Eier und Käse vermischen und unter die Linsenmasse heben. Abschmecken.

Kuerbiscreme

Anmerkungen zum Kürbis siehe unter dem Rezept für Kürbissuppe. Verjus ist in bestimmten Weinhandlungen oder Feinkostgeschäften zu erhalten, doch sehr teuer. Als Ersatz kann man den frischen Saft sehr saurer Äpfel oder Grapefruitsaft verwenden. Notfalls Zitronensaft oder Apfelessig mit Wasser verdünnen.
Zutaten:
2 kg Kürbis, 1 dünngeschnittene Zwiebel, 40 cl Bouillon, 2 EL Verjus, 2 EL geriebenen Parmesan, 2 Eigelb, 4 oder 5 Safranfäden, 1 Prise Zimt/ Nelken/ zerstoßenes Lorbeerblatt als Gemisch, Salz.
Zubereitung:
Den Kürbis in Stücke schneiden und entkernen. Zusammen mit der Zwiebel in Salzwasser weich kochen, abtropfen lassen und pürieren. Bouillon und Verjus zufügen und aufkochen lassen. Mit Safran färben. Die Kürbissuppe vom Feuer nehmen und die geschlagenen Eier und den Käse unterheben. Gewürz darüber streuen und servieren.

Fleischgerichte

Hasenpfeffer

Pfeffer war in Deutschland ursprünglich eine Bezeichnung für Soßen oder auch für Fleischgerichte in Soßen, wie z.B. Ragouts. Man sollte einen hochwertigen Essig

verwenden. Das Gericht ist säuerlich im Geschmack, soll aber nicht sauer schmekken!
Zutaten:
1 Hase von gut 1,5 kg, 3 Zwiebeln, Schmalz, zwei Scheiben getoastetes Landbrot, 1/2 l Fleischbouillon, 15 cl Rotweinessig, 10 cl Rotwein, 5 cl Verjus, 1 TL Ingwerpulver, 1/2 TL Zimt, 1 Messerspitze Nelkenpulver, 1/4 TL Muskatnuss, 1/4 TL Pfeffer.
Zubereitung:
Das getoastete Brot in 10 cl Essig, 10 cl Rotwein und 10 cl Bouillon einweichen. Den Hasen in Stücke zerteilen und in einer feuerfesten Form auslegen. Im Ofen unter dem Grill auf einer Seite bräunen, dann wenden und die andre Seite bräunen. In der Zwischenzeit die gehackte Zwiebel in dem Schmalz in einem Schmortopf anbräunen und dann den Hasen zugeben. Gewürze vermischen und in dem restlichen Essig und Verjus auflösen. Brot zerdrücken, den Rest Bouillon zugeben und durch ein Passiersieb streichen. Brot- Brei und Würzmischung zum Hasen geben und auf kleiner Flamme 1 1/2 bis 2 Stunden garen. Eventuell weiter Bouillon angießen. Die Soße muss aber dick bleiben.

Gebratenes Zicklein in goldbrauner Soße

Fragen sie ihren Metzger, ob er ihnen Ziegenfleisch eventuell aus dem Großhandel beschaffen kann. Ansonsten versuchen sie es bei türkischen Metzgern. Falls sie keines erhalten können, verwenden sie kein Schaffleisch, da dieses einen für dieses Gericht zu starken Eigengeschmack hat. Das Fleisch eines Zicklein ist eher fade und sie sollten es durch Kalb ersetzen, wenn sie kein Ziegenfleisch erhalten können.
Zutaten:
1 Keule (oder Schulter) vom Zicklein, 50 g fetter Speck, 6 Knoblauchzehen, Salz, 20 cl Rinderbouillon, Saft einer Zitrone, 2 Eigelb, 3/4 TL Pfeffer, 4 oder 5 Safranfäden, 2 gehackte Knoblauchzehen, 1 EL Petersilie.
Zubereitung:
Die sechs Knoblauchzehen grob schneiden und das Ziegenfleisch mit dem Speck und dem Knoblauch spicken und salzen.
Das Eigelb mit der Bouillon und dem Zitronensaft schlagen und die Gewürze zugeben. In einen Bräter geben und dann das Bratenstück hineinsetzen. Bei großer Hitze im Ofen eine 3/4 bis eine Stunde garen und von Zeit zu Zeit mit der Soße übergießen. Kurz vor dem Servieren ein letztes Mal mit der Soße übergießen und die gehackte Petersilie darüber streuen.

Gefuellttes Spanferkel

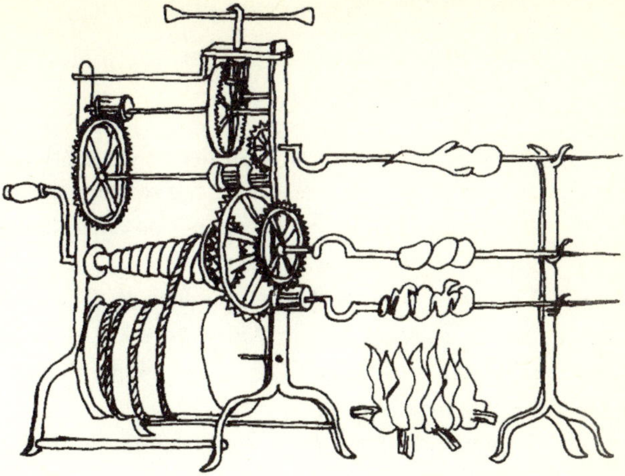

Ein heutiges Spanferkel ist nur 2 Wochen alt und wiegt etwa 4 Kilo. Das Originalrezept lässt jedoch schließen, dass das im Mittelalter verwendete Schwein um einiges älter und damit größer war. Das Rezept hier ist auf ein Schwein von etwa 6 Kilo abgestimmt. Außerdem benötigen sie die Innereien des Schweines und es sollte zum Ausweiden nicht allzu weit geöffnet gewesen sein, ansonsten müssen sie nähen! Besprechen sie sich mit ihrem Metzger, ob er ihnen behilflich sein kann und ein Ferkel extra für sie zubereitet.

Zutaten:

1 kleines Schwein, ausgenommen, aber mit Innereien, 1 schöner Schweinekamm, ca. 450 g gekochter Schinken, 50 Kastanien, 25 Eier, 300 g Parmesan, Ingwerpulver, Safranfäden, Salz.

Zubereitung:

Den Schweinekamm und die Innereien (Herz, Leber, Milz, Nieren, Lunge) in Salzwasser auf kleiner Flamme etwa eine Stunde kochen. Nach etwa 20 Minuten die Leber aber bereits herausnehmen! Die Kastanien und die 20 Eier kochen. Die Eier müssen hart sein. Kastanien und Eier schälen.

Das Ferkel mit einem sauberen Tuch gut reinigen und alle Borsten und Blutspuren beseitigen. Das Innere großzügig salzen. Die Innereien sorgfältig abtropfen lassen und mit dem Schinken im Mixer pürieren. Die harten??? Eigelb und Kastanien zerdrücken und mit dem Käse unter die Fleischmasse heben und mit dem rohen Eigelb der restlichen Eier geschmeidig machen. Mit gut 1 El Ingwer und 3 Prisen Safran würzen, mit Salz abschmecken.

Das Innere des Ferkel abtupfen und die Bauchöffnung bis auf eine zum Stopfen reichende Öffnung vernähen. Mit der Füllung stopfen und dann vollständig vernähen. Die Beine unter dem Körper zusammenbinden und so auf einem Bratblech platzieren. Die Ohren mit Alufolie umwickeln, da sie sonst verbrennen. Bei 200 Grad gut 2 1/2 bis 3 Stunden braten. Das Ferkel ist gar, wenn es eine schöne goldbraune Farbe hat. Soße nach Wahl.

Fisch

Hoefliche Krebse

„Höflich“ ist eine ältere Form des heute gebräuchlichen „höfisch“ und bedeutet weniger, dass das Schalentier ausgesprochen angenehme Umgangsformen hätte, sondern dass es sich um ein Rezept aus adeligen Kreisen handelt.

Zutaten:

2 Hummer (oder Langusten), Salzwasser, 4 EL Öl, Salz, Pfefferkörner, Aniskörner, Piment, Thymian, Lorbeerblätter, Estragon, 3 Zwiebeln, 2 Knoblauchzehen, 1/4 l Weißwein, 1 Gläschen Cognac, 1/4 l Fleischbrühe.

Zubereitung:

Die beiden Hummer (oder Langusten) im kochenden Salzwasser gut 15 Minuten garen, herausnehmen und abkühlen lassen. Die Scheren abtrennen, den Schwanz zuerst der Länge nach und dann quer in vier Teile schneiden. Die Innereien entfernen. In einer Kasserolle das Öl mit den feingeschnittenen Kräutern und Gewürzen erhitzen. Die Hummerstücke zufügen und braten, bis sie eine schöne rote Färbung haben. Die Hummerstücke dann herausnehmen und von Gewürzresten befreien. Warm stellen. Die Flüssigkeiten zu dem Öl und den Kräutern geben. Aufkochen und reduzieren lassen, dann durch ein Sieb streichen, über den Hummer gießen und servieren.

Fisch sues–sauer

Das Rezept zeigt deutlich die Vorliebe des Mittelalters für ausgefallene Würzkombinationen, vor allem in der Zusammenstellung ausgesprochen süßer Elemente wie z.B. Trockenfrüchte und sehr stark würziger Zutaten, wie Zwiebeln und saurem Essig.

Zutaten:

800 g bis 1 kg Seeteufel, 4 große Zwiebeln, 100 g geschälte Mandeln, 100 g Rosinen, 20 Dörrpflaumen, 15 cl Weißwein, 5 cl Essig, 5 cl, Olivenöl, etwa 10 Safranfäden, 1/4 TL gemahlener Pfeffer, 1 TL-Spitze Ingwerpulver, genauso viel Kardamompulver, Salz.

Zubereitung:

Den in Stücke geschnittenen Fisch in sehr heißem Öl anbraten und beiseite legen. Die in Ringe geschnittenen Zwiebeln im Öl braten, dann die Mandeln und das Obst zugeben, Wein und Essig angießen und ca. 20 Minuten köcheln lassen. In einem tiefen Teller je eine Lage Fisch und eine Lage Soße usw. anrichten und kalt bis lauwarm servieren.

Aalspieße zu St. Vinzenz

Das Rezept stammt nicht aus einem Kochbuch, sondern aus einer Geschichte des Novellenschreibers Gentile Sermini, der Anfang des 15. Jahrhunderts in Siena lebte. Er berichtet von einem gefräßigen Pfarrer, dessen ganze Leidenschaft das Kochen gewesen sei. Das ganze Brevier des Geistlichen sei ganz und gar mit Kochrezepten gefüllt gewesen. Der Pfarrer erzählte seiner Gemeinde selbst von der Kanzel herab Gleichnisse, in denen es ums Essen ging. Aufgrund der nach dem folgenden Rezept zubereiteten Aalspieße z.B. hätten er und seine Gäste eine Vision des Heiligen Vinzenz gehabt.

Zutaten:

1-2 Aale von insgesamt 1,5 kg, 5-10 cl Essig, 2 EL Öl, 4 Orangen, 2 Zitronen, 1/2 Granatapfel, 1 Zweig Rosmarin, 20 frische Lorbeerblätter, Salz, Kardamom, Ingwer, jeweils ein Viertel TL Pfeffer, Nelken und Zimt.

Zubereitung:

Den bereits ausgenommenen Aal säubern und in Stücke schneiden. Die Aalstücke auf Spieße stecken, jeweils mit Lorbeerblättern zwischen den Stücken. Aus Essig, Öl und den Gewürzen eine Mischung herstellen und den Rosmarinzweig eintauchen. Die Spieße über offener Glut langsam rösten und dabei immer wieder mit dem Rosmarinzweig mit der Gewürzmischung beträufeln. Das Garen gut überwachen, da sonst der Aal zerfallen könnte. Sobald der Aal gar ist, die Stücke in tiefen Tellern verteilen und mit dem Saft der Früchte übergießen. Mit Kardamom und Ingwer überstreuen und lauwarm servieren.

Umgedrehte Sardinen mit Fuellung

Das zuzubereitende Fleisch (oder in diesem Fall den Fisch) umzudrehen, das Innere nach außen zu stülpen, ist eine Zubereitungsart, die in verschiedenen Rezepten zu finden ist. Diese Vorgehensweise verändert geschmacklich nicht allzu viel, gefiel den Köchen (und Gästen) des Mittelalters aber mit Sicherheit wegen des ungewöhnlich aussehenden Endergebnisses!

Zutaten:

24 nicht ausgenommene Sardinen, 300 g fettes Fischfleisch (Hering oder Makrelen), Zitronenspalten, 1 TL gehackter Majoran oder Oregano, 1 TL gehackter Rosmarin, 2 Blätter gehackter Salbei, 1/2 TL Ingwer und Muskat zu gleichen Teilen gemischt, 1 gute Prise Pfeffer, 3-4 zerstoßene Safranfäden, Salz, Nadel und Faden.

Zubereitung:

Die Köpfe der Fische mit einem scharfen Messer abtrennen. Die Sardinen entlang des Rückgrates auf beiden Seiten vorsichtig einschneiden und das Fleisch lösen. Die

Rückengräte entfernen und die Fische ausnehmen. Man hat nun zwei mit der Bauchhaut zusammenhängende Filets. Nur die dicksten Gräten entfernen, die kleineren werden durch das Braten deutlich sichtbar und können beim Verzehr entfernt werden.
Die Fische waschen und trocken tupfen. Beide Seiten pfeffern, salzen und ruhen lassen, während die Füllung hergestellt wird. Den Fisch für die Füllung zusammen mit den Kräutern, den Gewürzen und Salz im Mixer pürieren. Die Fische vom Schwanz an beginnend bis zur Hälfte des Bauches zusammennähen, wobei die Haut innen liegen muss, das Fleisch außen. In die so entstandenen Taschen Füllung stopfen und den Fisch bis zum Ende zunähen, wobei die Kopfseite offen bleibt, sodass die Füllung hier zu sehen ist.
In einer Pfanne ca. 2 EL Öl erhitzen und die Fische von jeder Seite gut drei bis vier Minuten anbraten, dann zudecken und bei kleinerer Hitze noch schmoren lassen. Prüfen, ob die Füllung gar ist, dann mit Zitronensaft übergossen und mit Zitronenspalten garniert servieren.

Schwarzer Tintenfisch

Sie benötigen unausgenommene Tintenfische oder aber einen guten Fischhändler, der ihnen die Tintenbeutel – sowohl den schwarzen, wie auch den, der eine weißliche Flüssigkeit enthält – zusätzlich besorgen kann. Beim Ausnehmen der Tintenfische darauf achten, dass man diese Beutel nicht verletzt. Zur Seite legen und für die spätere Zubereitung aufbewahren!
Zutaten:
1 kg frische, ganze Tintenfische, 1 Stange Lauch, 1 Strauß frische Minze, 1 Strauß Petersilie, einige Zweige Basilikum, 2 Salbeiblätter, Salz, je ein Viertel Teelöffel Pfeffer, Nelken, Muskat.
Zubereitung:
Tintenfische säubern und die Arme vom Kopf trennen. Den Kopf vorsichtig öffnen und die beiden Tintenbeutel entnehmen. Schulp und Augen entfernen und den Kopf säubern. Die Haut entfernen, sodass nur das weiße Fleisch übrigbleibt. In einem Topf mit Salzwasser die Tintenfische ca. eine 1/4 Stunde garen. Währenddessen den Lauch vom Grün befreien und gemeinsam mit den Kräutern waschen und hacken, sodass ungefähr vier EL Kräutergehacktes entstehen. Den gegarten Tintenfisch in feine Streifen schneiden und in gut 2 EL Öl gut anbräunen. Auf sehr kleiner Flamme die Kräuter zugeben, andünsten und mit den Gewürzen abschmecken. Zugedeckt auf kleiner Flamme eine halbe Stunde garen. Dabei überwachen, damit das Gemisch nicht anhängt. Eventuell etwas Wasser zugeben. Etwa 5 Minuten vor Ende der Garzeit den

Inhalt des milchigen Tintenbeutels zugeben. Am Ende des Garens einen schwarzen Tintenbeutel über dem Topf öffnen und sofort untermischen. Die Soße dickt schnell ein und wird vollständig schwarz. Sofort servieren.

Gefluegel

Ambrosia vom Huhn

Den Namen Ambrosia, die Speise der antiken Götter, hat dieses Gericht von seiner Vielfalt an Geschmacksnuancen durch zwei Soßen, die sich nicht vermischen und den Eigengeschmack des Fleisches.

Zutaten:

1 Huhn, 80 g fetter Speck, 2 große Zwiebeln, 8 Dörrpflaumen, 10 Datteln, 2 Brotscheiben, 20 cl Weißwein, 5 cl Essig, 10 cl Bouillon, 3 Nelken, 1 Messerspitze Muskatnuss, 1/2 l Mandelmilch.

Zubereitung:

Das Brot entrinden und toasten. Das Huhn in Stücke schneiden und mit der gehackten Zwiebel in dem ausgelassenen Speck anbraten. Die Mandelmilch mit 10 cl Weißwein und der Bouillon mischen und zu dem leicht angebräunten Huhn geben, Zimt und Nelken zugeben und etwa 1/2 Stunde köcheln lassen.

Gegen Ende der Garzeit das zerkleinerte und in dem restlichen Wein und Essig aufgelöste Brot zugeben und die entsteinten Früchte zufügen. Mit dem Muskat abschmecken.

Die unverkochten Früchte beim Servieren um die Hühnerstücke herum anrichten und mit der Soße übergießen.

Huhn mit Fenchel

Sowohl für Gaumen, als auch Auge ansprechend durch die beige-grüne Mandelsoße.

Zutaten:

1 Huhn, 100 g ungeschälte Mandeln, 1 Handvoll Fenchelblätter (oder zur Not Dill), 1 Handvoll Petersilie, 1/2 l Wasser, je eine Prise Pfeffer, Ingwer, Safran, Zimt und Nelken, Schweineschmalz, Salz.

Zubereitung:

Das Huhn in Stücke schneiden und in dem Schmalz anbraten. Wenn die Stücke schön braun sind das Wasser angießen, salzen und bedeckt 40 – 45 Minuten köcheln lassen.
Die Kräuter mit den Mandeln im Mixer pürieren. Die Huhnstücke aus der Soße nehmen und die Mandelmischung zufügen. Kochen bis die Soße eindickt. Die warmgestellten Huhnstücke auf einer Platte anrichten und mit der durch ein Sieb gestrichenen Soße übergossen servieren.

Pasteten und salzige Kuchen

Salbeitorte

Da Kartoffeln unbekannt waren, wurden als Beilage zu Fleisch/ Soßengerichten neben verschieden gewürzten kleinen Fladenbroten, Nudeln oder Semmelknödeln auch fein gewürzte, salzige Torten gereicht.
Zutaten:
5 Eier, 250 g Mehl, 250 g gemahlenen Mandeln, 1 TL feingehackter Salbei, 50 g Schmalz, Salz.
Zubereitung:
Aus den Eiern, dem Salbei, dem Mehl und den Mandeln einen glatten Teig kneten. Ist der Teig zu trocken, etwas Schmalz zerlassen und untermischen, sodass er geschmeidig wird. In einer gut gefetteten Kastenform im vorgeheizten Backofen bei 200 Grad gut eine halbe Stunde backen. Gleich nach dem Herausnehmen aus dem Ofen stürzen und noch heiß in daumendicke Scheiben schneiden und als Beilage servieren.

Knoblauchtorte

Heute bekannt ist in dieser Art nur noch der Zwiebelkuchen. Knoblauch, Lauch und Zwiebeln waren im Mittelalter jedoch außerordentlich beliebte Gemüse und es haben sich viele Rezepte zu ihrer Zubereitung erhalten. Der Knoblauch wird bei uns meist nur noch als Gewürz eingesetzt. Vielleicht hilft dieses Rezept ein wenig, ihm seinen alten Ruhm zurückzugeben! Das Rezept zur Herstellung von Mürbeteig ist übrigens in jedem anständigen Backbuch zu finden!
Zutaten:
Mürbeteig, (250 g Mehl, 125 g Butter, entsprechend Salz, eventuell ein Ei oder etwas Wasser), Füllung: 5 Knoblauchknollen, 200 g Schweinebrust, 300 g Quark, 3 Eier, 80 Rosinen, 10 Safranfäden, Salz, je ein Teelöffel Nelken, Muskatnuss, Zimt, Ingwer, Pfeffer.
Zubereitung:
Den Teig bereits am Abend zuvor zubereiten und kalt stellen. Den Knoblauch schälen

und in kochendem Salzwasser ca. 1/4 Stunde kochen, abtropfen und in kaltem Wasser einweichen. Die garen Knoblauchzehen zerstampfen, dann den gewürfelten Speck, den Käse, die Eier, die Rosinen und die Gewürze zugeben und daraus eine glatte Mischung herstellen.
Den Teig ausrollen und in einer Kuchenform (Springform) auslegen. Genügend Teig für eine Deckplatte zurückhalten. Die Knoblauchfüllung auf dem Teig verteilen und mit einer Teigplatte abdecken. Die Ränder gut verschließen. Bei 200 Grad eine 3/4 bis 1 Stunde backen. Mit überzähligem Teig kann die Pastete übrigens fantasievoll verziert werden, z.B. eine Knoblauchknolle nachbilden etc.

Kraeutertorte

Ursprünglich wurde diese Torte nicht in einem Backofen gebacken, sondern die Form wurde in offene Glut gestellt, mit einem Deckel verschlossen und auch oben mit Glut bedeckt. Das Rezept ist an moderne Backöfen angepasst. Wer jedoch im Freien grillt, kann es auf die ursprüngliche Art versuchen.
Zutaten:
Mürbeteig, Füllung: 150 g Mangoldblätter, 150 g Spinat, 1 Handvoll Petersilie, 1 Handvoll frische Minzeblätter, 200 g gesalzene und getrocknete Schweinebrust, 300 g Quark, 4 Eier, 1 Eigelb zum Färben, Safranfäden, Salz.
Zubereitung:
Den Teig bereits 2 – 3 Stunden zuvor zubereiten und kalt stellen. Beim Mangold die Rippen und beim Spinat die Stiele entfernen und das Grün zusammen mit den Kräutern waschen und sehr fein schneiden oder hacken. Den Käse und die fein gewürfelte Schweinebrust untermischen und dann mit den Eiern zu einer glatten Masse verarbeiten. Eine Teigplatte ausrollen und eine Form ausschlagen. Genügend Teig für einen Deckel zurückbehalten. Die Masse auf dem Teig verteilen und mit einem Teigdeckel gut verschließen. Das Eigelb mit dem Safran vermischen und damit den Teigdeckel bestreichen. Bei 225- 250 Grad gut eine Stunde backen. Durch Einstechen überprüfen, ob der Boden gar ist.

Ochsenzungenpastete

Zutaten:
Teig: 500 g Mehl, 3 Eier, 50 g Schmalz, Salz, etwas Wasser, 70 g durchwachsener Speck. Füllung: 1 gekochte Ochsenzunge, Nelkenpulver, Ingwer, Zimt, Muskat, Salz, Pfeffer. Pastete: 2 Eier, 1 Glas Rotwein, 3 EL Semmelbrösel, 10 g Schmalz, Fett für die Form, 1 Eigelb zum Bestreichen.
Zubereitung:

Aus dem Mehl, den Eiern, Salz, Schmalz und Wasser einen festen Teig kneten und ca. 2 Stunden kalt stellen. Inzwischen die gekochte und abgezogene Ochsenzunge in Scheiben schneiden. In einer gefetteten Pastetenform den dünn ausgerollten Teig auslegen, genügend Teig für den Deckel zurückhalten! Abwechselnd dünn in Scheiben geschnittenen Speck und Ochsenzungenscheiben in die Form schichten, wobei jede Schicht kräftig mit einem Gemisch aller angegebenen Kräuter bestreut werden sollte. Das Schmalz erwärmen und mit den Eiern, dem Rotwein und den Semmelbröseln zu einer Flüssigkeit verarbeiten, die dann über das Fleisch in die Form gegossen wird. Aus dem restlichen Teig einen Deckel herstellen und mit den Teigrändern gut verschließen, mit einem Eigelb bestreichen. Im vorgeheizten Backofen bei 200 Grad gut eine dreiviertel Stunde goldbraun backen. Garprobe mit einem Holzstäbchen machen.

Leckereien

Kuerbiskuchen

Beachten sie die Hinweise zur Verwendung von Kürbis bei dem Rezept Kürbissuppe! Das Rezept enthält zwar einen äußerst kräftigen Käse, Parmesan, ist aber nichtsdestotrotz eine süße Köstlichkeit von ungewöhnlicher und ansprechender ockerbrauner Färbung.

Zutaten:

Mürbeteig, Belag: 750 g Kürbis, 1/4 l Milch, 300 g Quark, 200 g Butter, 100 g Zucker, 50 g frischer Parmesan, 4 Eier, 1/2 TL Ingwer, 1/2 TL Zimt, Salz, Guss: 2 EL Zucker, 2 EL Rosenwasser.

Zubereitung:

Den Teig gut ein bis zwei Stunden zuvor zubereiten und kalt stellen. Den Kürbis in Stücke schneiden und gut 1/4 Stunde in der Milch kochen. Die Butter derweil cremig schlagen und dann den Quark untermischen, sodass eine glatte Masse entsteht. Dann den Parmesan, den Zucker, die Eier und die Gewürze zugeben und glatt rühren. Den Kürbis abgießen und passieren, untermischen.

Den Teig dünn ausrollen und eine Form ausschlagen. Die Füllung hinein gießen und 20 Minuten bei 250 Grad backen. Aus Teigresten gleichmäßige dünne Streifen schneiden und mit diesen ein Gitter auf dem Kuchen legen. Dann 40 Minuten weiterbacken, dabei gegebenenfalls mit Alufolie abdecken, sodass die Oberfläche nicht zu braun wird.

Aus dem Ofen nehmen und mit dem Zucker überstreuen und mit dem Rosenwasser übergießen. Lauwarm servieren.

Weisse Torte

Das Farbenspiel ist ein Anliegen des mittelalterlichen Koches und daher ist diese Torte ebenso ein Augen- wie ein Gaumenschmaus!

Zutaten:

Mürbeteig, Belag: 300 Gramm? gut abgetropfter nicht salziger Frischkäse, 6 Eiweiß, 125 g Zucker, 125 g cremige Butter, 3/4 TL Ingwer, 1/4 l Milch, Salz, Guss: 2 EL Zucker, Rosenwasser.

Zubereitung:

Den Teig zuvor zubereiten und einige Stunden kalt stellen. In der Zwischenzeit den Käse mit dem Eiweiß zu einer glatten Masse verrühren. Zucker, Butter und Ingwer einarbeiten. Etwas Milch zugeben, sodass eine cremige Masse entsteht. Den Teig dünn ausrollen und eine Form ausschlagen. Den Belag hineingießen und bei 225 Grad gut eine Stunde backen. Den Kuchen gegebenenfalls mit Alufolie abdecken, er darf höchstens leicht bräunen! Aus dem Ofen nehmen und mit dem Zucker bestreuen und Rosenwasser begießen.

Colrís

Der Name stammt aus der ältesten deutschen Rezeptsammlung. Seine Herkunft ist unbekannt, das Ergebnis ist aber deshalb nicht weniger wohlschmeckend.

Zutaten:

Pfannkuchen: 100 g Mehl, 1/4 l Milch, 2 Eier, 1 Prise Salz, Butter zum Ausbacken, Eiermilch: 4 dzl Milch, 2 dzl Sahne, 2 EL Honig, 6 Eigelb, 1 Weizenbrötchen, Salz, 2 EL Schmalz, 1 säuerlicher Apfel.

Zubereitung:

Zunächst aus den angegebenen Zutaten Pfannkuchen herstellen, erkalten lassen und in fingerbreite Streifen schneiden und in eine Keramik-Puddingform oder eine Gugelhupfform legen. Das Brötchen würfeln und dazugeben. Den Apfel schälen, entkernen und in Streifen geschnitten ebenfalls in die Form legen. Aus den Eigelben, dem Honig, der Sahne und der Milch eine Flüssigkeit herstellen und langsam das mit etwas Salz zerlassene Schmalz unterrühren, dann in die Form gießen. Die Form mit einem Deckel oder Alufolie abdecken und im Wasserbad etwa 40 – 50 Minuten garen. Stürzen und servieren.

Sosen

Weisse Knoblauchsosse

Zutaten:

70 g Mandeln, 3 Knoblauchzehen, 1 kleine Scheibe Weißbrot ohne Kruste, 40 cl entfettete Fleischbrühe, Salz.

Zubereitung:

Die Mandeln schälen und im Mixer fein pürieren. Die Knoblauchzehen langsam zugeben. Das Brot in einem Teil der Brühe einweichen, gut zerdrücken und zu der Mandelpaste geben. Unter weiterem Rühren den Rest der Brühe zugeben, bis die Soße die gewünschte Konsistenz erreicht hat. Salzen.

Rosa Knoblauchsosse

Zutaten:

70 g Mandeln, 3 Knoblauchzehen, 1 kleine Scheibe Weißbrot ohne Kruste, 40 cl roter Traubensaft, Salz.

Zubereitung:

Ebenso zubereiten wie die weiße Knoblauchsoße!

Himmelblaue Sosse

Diese Soße wurde ursprünglich im Spätsommer, zur Reifezeit der Brombeeren bereitet und wird wegen des farblichen Kontrastes besonders zu weißen Fleischsorten wie etwa Huhn oder Kalb empfohlen.

Zutaten:

1/2 l Saft von Brombeeren, 50 g ungeschälte Mandeln, 15 cl Verjus, 1/3 TL Ingwer, Salz.

Zubereitung:

Die Mandeln mit dem Ingwer im Mixer zerkleinern und dann langsam den Brombeersaft unterrühren. Mit Verjus verdünnen, filtern und salzen.

Gruene Sosse

Zutaten:

1 Scheibe altbackenes Landbrot, 5 El gehackte Petersilie, 2 EL gehackte Salbeiblätter, 1 Prise Pfeffer, 1 Prise Nelkenpulver, 1 Prise Muskatnuss, je 1/4 TL Zimt und Nelken, 3 EL Weinessig, 2 Knoblauchzehen (nach Belieben), 10 cl Wasser, Salz.

Zubereitung:

Das Brot in Wasser einweichen. Sobald es aufgequollen ist zerdrücken. Kräuter und Gewürze zugeben und gut zerstampfen, sodass ein feines Püree entsteht. Mit Essig verdünnen, kosten und salzen. Gegebenenfalls noch durch ein Sieb passieren.

Eierspeisen

Gruene Eier

Zutaten:

4 Eier, 1 Bund Petersilie, 1 EL Weißwein, 2 TL Honig, 1 TL Butter oder Schmalz, Pfeffer, Salz, 1 Prise Ingwerpulver, 1 TL Senfpulver.

Zubereitung:

Die Eier hart kochen und pellen. Die Petersilie sehr fein hacken und zum Wein geben. Durch ein Sieb laufen lassen. Den Wein mehrmals über die Petersilie absieben, bis eine grüne Flüssigkeit entsteht. Mit Honig, Salz, Pfeffer, Ingwer und Senfpulver abschmecken. Das Schmalz in einer Pfanne erhitzen und die Eier darin von allen Seiten kurz anbraten, dann in die Flüssigkeit legen und so lange darin lassen, bis sie eine grüne Farbe angenommen haben. Mit Fladenbrot servieren.

Eier in gelber Sosse

Zutaten:
8 Eier, 8 El bittere Orangenmarmelade, 6 EL scharfer Senf, 4 EL Rotwein, 1 kleine Zwiebel.
Zubereitung:
Die Eier hart kochen und gut abschrecken. Die Soßenzutaten gut verrühren und die feingehackte Zwiebel untermischen. Bei mittlerer Hitze gut 10 Minuten einköcheln lassen. Die Eier pellen, vierteln, auf einem Teller anrichten und mit der Soße übergossen servieren.

Gruenes Omelett

Dieses Omelett findet sich in Varianten in verschiedenen Kochbüchern. Man kann es auf unterschiedliche Art und Weise herstellen: Den Teig nur mit dem ausgepressten Saft vom Blattgemüse zu färben, erzeugt eine glatte, smaragdgrüne Färbung. Kräuter oder gehacktes Gemüse unterzumischen, lässt ein eher gelb-grün meliertes Aussehen entstehen. Das Wort Omelett, vom altfranzösischen alumelles, bezeichnete saftige, nur auf einer Seite in einer Pfanne zu bräunende Eierkuchen und so sollten auch diese Omelettes aussehen.
Zutaten:
6 Eier, 15 cl Milch, 5 cl Wasser, 2 El Parmesan, 50 g Butter, etwa 100 g Mangoldblätter, etwa 100 g Blattspinat, 1 Handvoll Petersilie, 4 Blätter frischer Salbei, 4 Blätter Minze, 5 Zweige Majoran, Salz.
Zubereitung:
Variante 1: Die Eier mit der Milch, dem Wasser und dem Käse schlagen. Nur mäßig salzen, da der Käse bereits salzig ist. Das Blattgemüse und die Kräuter sehr fein hacken, oder im Mixer pürieren, Salz zusetzen, sodass der Saft aus dem Kräutergehackten entzogen wird. Über der Eiermasse durch ein Sieb passieren und die Masse vermischen, bis ein glatter grüner Teig entsteht. Die Butter in einer Pfanne zergehen lassen und die Eiermasse hineingeben. Das Omelett von einer Seite gut anbräunen, auf einen Teller gleiten lassen und zusammenfalten.
Variante 2: Aus Eiern, Käse und Flüssigkeit eine Masse herstellen, wie oben. Die Kräuter und das Gemüse sehr fein hacken und mit der Butter in der Pfanne 7-8 Minuten vorgaren. Dann die Eiermasse darüber gießen und wie oben braten und servieren.

Omelett mit Orangen fuer Huren und Wuestlinge

Das Mittelalter sprach bestimmten Speisen oder Nahrungsmitteln Eigenschafen zu, die wir heute nicht unbedingt nachvollziehen können. Dieses Omelett, sehr fein und süß, scheint genusssüchtige Esser besonders erfreut zu haben. Mittelalterliche Orangen waren bitterer als heutige Sorten. Man sollte daher Orangen und Zitronensaft mischen, um einen „historischen“ Geschmack zu erzielen.

Zutaten:

6 Eier, 2 Orangen, 1 Zitrone, 2 EL Zucker, 2 EL Olivenöl, Salz.

Zubereitung:

Die Eier und den Zucker schaumig schlagen. Eine Prise Salz und den Saft der Früchte zugeben. In einer Pfanne in Olivenöl anbraten.

Suessspeisen

Creme aus Mirabellen, Honig und Gewuerzen

Dieses Rezept stammt aus England und kann, wie so viele, in verschiedenen Varianten hergestellt werden. Mit Mirabellen und Weißwein erhält es eine feine, goldgelbliche Farbe, mit Zwetschgen und Rotwein wird es angenehm dunkel.

Zutaten:

1,5 kg Mirabellen (oder Zwetschgen), 1 l Weißwein (oder Rotwein), 2 EL Honig, 1 EL gekochte Reispaste, 1 EL Anis, je eine Prise Ingwer, Zimt, Nelken und zerstoßener Lorbeer.

Zubereitung:

Das Obst waschen und entsteinen. Den Wein aufkochen, das Obst zugeben und gut 5 Minuten köcheln lassen. Die Früchte herausnehmen und durch ein Sieb passieren. In einem Topf erhitzen und den Honig zugeben. Die Reispaste in etwas Wein auflösen und die Gewürze zugeben. Unter das Kompott mischen und etwa 10 Minuten einkochen lassen.

Kleine Zwischengerichte oder Rausschmeisser

Quittenbrot

Dies ist ein typisch bürgerliches Rezept. Der ursprüngliche Autor verweist besonders darauf, dass kein Zucker zu verwenden sei (des Herzogs Gewürz), sondern guter Honig.

Zutaten:
2 kg reife Quitten, 1 l Rotwein, 1,5 kg Honig, Ingwer, Zimt und Galgant.
Zubereitung:
Quitten schälen, entsteinen und in Stücke schneiden. Mit dem Rotwein in einen Topf geben und langsam zum Kochen bringen. Gut 15-20 Minuten köcheln, bis die Quitten gar sind. Das Obst abtropfen lassen und pürieren. Wiegen. Auf gut 300 g Püree kommen 500 g Honig. Das Püree mit dem Honig erhitzen bis sich eine durchsichtige, cremige Paste bildet. Einen Tropfen der Masse auf einen Teller geben. Wenn er geliert, ist die Masse fertig. Kurz die Gewürze untermischen und auf eine große flache Platte gießen und erkalten lassen. Einige Tage aushärten lassen und dann zerschneiden.

Schwarzer Nougat

Im Originalrezept wird der Nougat mit der bloßen Hand geteilt, was unserer Meinung nach zu Verbrennungen dritten Grades geführt haben muss! Verwenden sie hierzu lieber eine halbierte Zitrone, mit deren Fruchtseite sie die Stücke anfassen.
Zutaten:
Butterbrotpapier, 1 kg Blütenhonig, 1 kg Mandeln, 1 Zitrone, 1 TL Ingwer, 1 Prise Pfeffer, 1 TL Zimt, 1/3 TL Nelkenpulver.
Zubereitung:
Den Honig erhitzen und abschäumen. Die Mandeln grob hacken und zum Honig geben. Unter ständigem Rühren 1/2 bis eine 3/4 Stunde kochen, bis die Mandeln unter Einwirkung der Hitze knallen. Nicht anbrennen lassen, da sonst der Geschmack bitter wird. Die Gewürze mischen und auf zweimal zugeben. Einmal zu Beginn und einmal gegen Ende des Kochvorganges. Auf ein mit Butterbrotpapier ausgelegtes Backblech gießen und mit der Schnittstelle einer halbierten Zitrone glatt streichen. Gut kalt werden lassen und zerteilen.

Kandierte Orangenschalen

Bitte unbedingt unbehandelte Orangen verwenden!
Zutaten:
2 Orangen einer Sorte mit dicker Haut, 600 g Blütenhonig, Ingwerpulver.
Zubereitung:
Die Orangen schälen und das Weiße gut entfernen. In Streifen schneiden und in Wasser einweichen. Am folgenden Tag das Wasser wechseln. Diese Prozedur an insgesamt sieben Tagen wiederholen. Dann 1 l Wasser erhitzen und die Schalen überbrühen. Abtropfen lassen, dann Honig und Schalen in einen Topf geben. Die Schalen

müssen ganz und gar bedeckt seien. So lange kochen, bis ein Tropfen des Honigs, der in ein Wasserglas fällt, zu Boden sinkt ohne sich zu verformen. Die Schalen auf einem Gitter abtropfen und einige Stunden trocknen lassen. In einer Dose mit Ingwerpulver überstreuen und verschlossen einen Monat ruhen lassen.

Spiele des Mittelalters

Der „spielende Mensch“, der *homo ludus*, hat sich diesen Trieb selbst während der schlimmsten Krisen bewahrt. Das Spiel dient dabei weder dem lebensnotwendigen Nahrungserwerb, noch hat es einen unmittelbaren Einfluss auf die Erhaltung der menschlichen Rasse. Und dennoch spielt der Mensch in allen Kulturen, wie die Erkenntnisse der Archäologie uns lehren. Die Menschen des Mittelalters hatten Spiel und Spielzeug so weit entwickelt, dass eine eigene Fachliteratur dazu besteht.
Spiele und Spielzeug erzeugen - wie so viele andere Dinge - ein Bild der Gesellschaft, die sie hervorgebracht hat und sind deshalb für den Kulturhistoriker von großem Interesse. An der Seite der reinen geschichtlichen Neugier, die am Anfang stehen mag, entsteht bald echte Begeisterung für das Spiel selbst. Neben der Freude am Nachahmen der Spiele vergangener Zeiten, entdeckt man oft genug, dass manche der Spiele aus der Zeit vor 500 und mehr Jahren auch heute noch aktuell sind.

Spielzeug und Kinderspiele

Laermspielzeug

Obwohl die Kindheit in den Jahrhunderten des Mittelalters kurz und mit Sicherheit weniger unbeschwert war als die unserer Tage, hat die Kultur des Mittelalters einen reichen Fundus an Kinderspielzeug entwickelt. Die Babyrassel, die noch heute jedes Kind hält, war auch im Mittelater verbreitet und entstand aus dem Aberglauben

heraus, ihr Gerassel könnte böse Geister und Dämonen von den Wiegen fernhalten. Der Glaube, dass Lärm böse Geister vertreiben kann, scheint nahezu in allen Kulturen verbreitet zu sein. Noch heute halten wir ja an dem Brauch fest, Sylvester mit Knallern zu zelebrieren.

Puppen, Kreisel, Steckenpferde

Neben diesem ersten „Spielzeug" spielten die Kinder aber noch mit einer Vielzahl weiterer Gerätschaften, die damals wie heute Abbilder der Welt der Erwachsenen en miniature waren. Es gab alle bekannten Tiere, sowohl aus Ton als auch aus Holz geschnitzt. Die Mädchen hatten Puppen und die Knaben Steckenpferde.
Es gab Nachbildungen des alltäglichen Kochgeschirrs in Ton, nicht nur für Mädchen (!) und natürlich Ritterfiguren, Holzschwerter, Bälle, Kreisel und Reifen.
Daneben gab es Hüpfspiele, Ringelreihen und Bewegungsspiele, die sich bis heute erhalten haben, wie z.B. Federball.

Funktion

Das Spielzeug des Mittelalters wies – wie auch heute nicht anders – in seiner Machart, seinem Zweck und seiner Verarbeitung auf die gesellschaftliche Stellung der Eltern hin. So besaß ein Bauernmädchen wohl eine einfache starre Tonpuppe, während ein Kaufmannstöchterlein eine aus Holz geschnitzte, in allen Gliedern bewegliche und hübsch bemalte Puppe ihr eigen nannte. Die Bauernkinder spielten miteinander auf dem Dorfplatz, des Edelmannes Kinder hatten standesgemäße Spielgefährten, oft ältere, deren Beispiel dem guten Benehmen der zukünftigen Landesherrscher Vorschub leisten sollte. Doch auch innerhalb des Adels gab es Unterschiede. Die Kinder eines Königs wurden mit Sicherheit ganz anders erzogen als die eines kleinen Landedelmannes.
Gespielt haben sie dasselbe wie unsere Kinder heute.

In Rollenspielen ahmten sie die Welt der Erwachsenen nach. Man spielte Hochzeitszug oder Taufe. Die Knaben fochten Scheingefechte mit ihren Steckenpferden und Holzschwertern aus und schickten ihre Ritterpuppen gegeneinander ins Turnier.
Die Mädchen kleideten und wiegten ihre Puppen, kochten und buken. Genau wie heute vermittelte das Spiel das erwartete rollenspezifische Verhalten, das die Heranwachsenden später im täglichen Leben anwenden konnten und sollten.

Bewegungsspiele

Neben den die Erwachsenenwelt nachbildenden Kinderspielen gab es auch schon immer die rollenunspezifischen Spiele mit Ball, Kreisel oder Reifen, Würfeln und Murmeln oder auch Fangen, Verstecken, Ringelreihen und Hüpfspiele. Spiele, die nichts anderes verbreiten sollten als die Freude an der Bewegung.

Gelegentlich sind Erwachsene auf Abbildungen zu sehen, wie sie mit den Knaben Bleiritterheere gegeneinander schicken oder mit Holztieren und -figuren eine wilde Jagd nachstellen. An Hüpfspielen dürften sie wie zu allen Zeiten wohl kaum teil genommen haben. Die Darstellungen von Erwachsenen bei Bewegungsspielen gehen dann bereits mehr in die Richtung Sport. Es gab wohl schon reglementierte Ball- und Kegelspiele, „Ringkämpfe“ und ähnliches.

Wuerfelspiel

Eines der ältesten Spiele – nicht nur für Kinder – ist das Knöchelchenspiel, der Vorläufer des Würfelspiels. Für dieses Spiel verwendete man die Rückenwirbelknochen eines Schafes, die im Altertum wohl zunächst der Wahrsagerei dienten, bevor sich daraus ein Spiel entwickelte. Als Würfel verwendet, hatte die flache Längsseite einen Wert von einem Punkt, die konkave den Wert von drei und die schmale, ausgebuchtete Seite den Wert von sechs Punkten.

Fangstein

Die am weitesten verbreitete Form des Spieles war jedoch die Fangsteinspiel-Variante, die vor allem die Kinder des Mittelalters in ganz Europa spielten, dann auch mit Kieseln oder Tonkugeln. Auf dem Bild Pieter Breughels d.Ä. „Die Kinderspiele“ sind in der linken unteren Ecke Mädchen beim Spiel mit den Knochen dargestellt. Einer der Spieler muss dabei seine fünf Spielsteine in die Luft werfen und einen mit dem Handrücken auffangen. Die anderen Steine liegen am Boden. Jetzt wirft der Spieler einen Stein in die Höhe und versucht in dieser Zeit zwei am Boden liegende aufzuheben. Dann wirft er zwei in die Höhe und versucht drei aufzuheben. Keiner der Steine, die der Spieler wirft oder aufzuheben versucht, darf dabei den Boden wieder berühren. Misslingt ein Wurf, ist der nächste Mitspieler dran. Sieger ist, wem als erstem eine komplette Serie gelingt. Dieses Spiel wird heute noch in Asien mit kleinen, mit Reis gefüllten Stoff oder Lederbeutelchen gespielt.

Magische Kinderspiele

Einige der mittelalterlichen Kinderspiele stammen aus einem nach der Meinung einiger Forscher ursprünglich heidnischen, vorchristlichen Zusammenhang. Dazu gehört unter anderem das Abnehme- oder auch Schnurspiel genannte Geschicklichkeitsspiel. Dazu benötigen die Spieler ein Stück Schnur, das zu einem Kreis verknotet wird. Diese Schnur legt sich der erste Spieler möglichst kunstvoll in einem symmetrischen Muster um die Finger beider Hände. Der Mitspieler muss die Schnur nun abnehmen, wobei er durch das durch Ziehen oder Verknoten der ersten Figur versucht, im Abnehmen eine neue symmetrische Figur auf seinen Händen zu bilden. Man darf dabei die Schnur natürlich nicht fallen lassen. Angeblich ist dieses Spiel auf uralte, tantrische Überlieferungen zurückzuführen und bei etlichen, vor allem innerasiatischen Volksstämmen in Zusammenhang mit Legenden und Zauberformeln überliefert.

Als weiteres „magisches“ Kinderspiel wird das einfache Hüpfspiel angesehen. Bei diesem Spiel zeichnen die Kinder eine Abfolge von abgeteilten, aufeinanderfolgenden

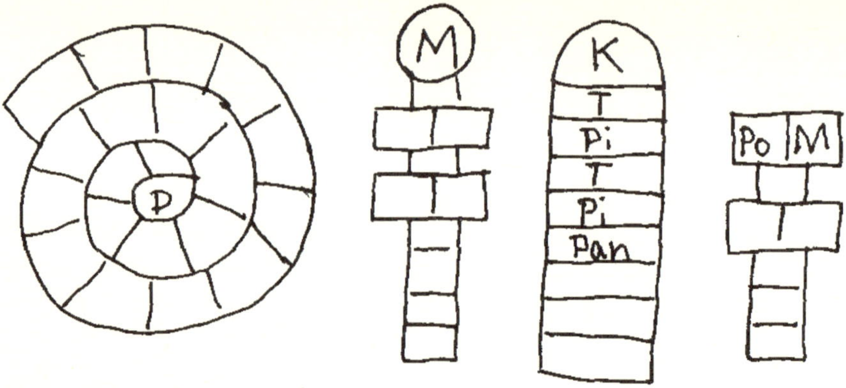

Feldern auf den Boden. Einige der Felder haben dabei Namen. Diese Namen finden sich überraschend oft in allen Jahrhunderten und in allen Ländern, in denen dieses Spiel nachzuweisen ist: Himmel, Hölle und Paradies.

Immer wieder wurde in christlicher Zeit gegen dieses Spiel gewettert, mit der Begründung, dass im alten Testament im Buch der Könige berichtet wird, die Baal-Priester hätten ihren Altar auf einem Bein hüpfend umrundet. Oft finden sich bei Chronisten die Aussprüche, dass solche Spiele eher Gespenstern und Gnomen zustünden als anständigen, christlichen Kindern. Alles Geschimpfe scheint wenig genutzt zu haben, denn Hüpfspiele spielen sogar die Kinder unserer Tage noch auf dem Gehsteig.

Der Spielablauf ist übrigens einfach. Zwei Hauptarten sind dabei bekannt. Beim Einfachen Hüpfspiel springen die Spieler dabei die festgelegte Abfolge der Felder auf einem Bein ab, wobei sie jedes Feld anspringen müssen und keine der gezeichneten Grenzlinien berühren dürfen, bis sie das als Ziel festgelegte Feld, meistens den Himmel, erreichen. In den verschiedenen Varianten der Hüpfspiele gibt es dabei einige, bei denen in nebeneinander liegende Felder mit beiden Beinen gesprungen werden muss, um dann wieder einbeinig weiter zu hopsen.

Eine andere Variante des Spieles ist, dass zunächst ein Stein in das erste Feld geworfen werden muss. Der Spieler springt hinterher, holt den Stein und kehrt zum Ausgangspunkt zurück. Dann wird der Stein ins zweite Feld geworfen, geholt usw. Das Spiel endet für den Spieler, wenn er das Endfeld erreicht oder wenn er einen Fehler begeht, z.B. ins falsche Feld hüpft, mit dem zweiten Bein den Boden berührt, die Grenzlinien berührt oder ähnliches.

Erwachsenenspiele

„Geselle dich nicht zu den Zuhältern, mische dich nicht unter die Zecher in den

Wirtshäusern, meide das Würfeln und andere Geldspiele, denn die Zahl der Blutsauger ist unermesslich. Schauspieler, Possenreißer, Mohren, Schönlinge, Weichlinge, Schmeichler und Knabenschänder, singende und tanzende Mädchen, Bauchtänzerinnen, Quacksalber, Wahrsager, Nachtschwärmer, Erpresser und Bettler – all dieses Gesindel erfüllt die Häuser."

Rat eines Mönches im 12. Jahrhundert an junge Männer.

Natürlich spielten nicht nur die Kinder, sondern auch die Erwachsenen taten es. Man vertrieb sich die freie Zeit mit allerlei Kurzweil, hauptsächlich mit Würfel-, Karten- und Brettspielen.

Würfelspiel bedeutet dabei nicht notgedrungen nur, wie oben angemerkt, das Spiel mit den quadratischen Würfeln, die wir heute kennen. Julius Cäsars „Alea iacta est!" bezieht sich wohl auf die bereits erwähnten Schafsknochen und vermutlich nicht auf gleichseitige Würfel. Zu den Würfelspielen kamen dann noch die mehr oder weniger „sportlichen" Wettkämpfe, wie etwa Hahnen- oder Hundekämpfe, oder auch die ritterlichen Turniere.

Das Wuerfelspiel

Aus der Carmina Burana:
„Dieser spielt, der schwingt den Becher,
Ringsum toben üble Zecher.
Manche, die ein Spiel beginnen,
Ziehen splitternackt von hinnen.
Andre ernten neue Kleider,
Andre alte Säcke, leider,
Keiner kennt des Todes Schrecken,
Würfel muss die Runde decken."

Der Stammbaum des Würfelspieles reicht weit zurück und hat viele Zweige. In prähistorischer Zeit kannte man vermutlich keine über die Zahl zwei hinausgehenden Ziffern. Worte, die in allen indogermanischen Sprachen die Zahl drei beziffern (lateinisch tres, französisch trois, englisch three), bedeuten ursprünglich „über die zwei

hinausgehend", was ihre enge Verwandtschaft mit Worten wie trans, trés oder through beweist. Auch das deutsche Wort vier bedeutete ursprünglich viel.
Die ältesten aller Glücksspiele wurden deshalb durch dieses System inspiriert. Man musste erraten, in welcher Hand der Gegenspieler einen Stein o.ä. versteckte, oder man spielte eine Abart von Kopf oder Zahl, was nicht notwendigerweise mit Münzen geschehen musste. Die Azteken verwendeten dazu Bohnen, auf deren eine Seite ein Punkt gemalt wurde, die Inder warfen Kaurimuscheln und warteten, ob sie mit der Höhlung oder der Wölbung niederfielen.
Unser heutiges Kopf oder Zahl hieß im antiken Rom Caput aut navis (Kopf oder Schiff), im mittelalterlichen Italien Blume oder Heiligenfigur, in Spanien Kastilien oder Leon und in Deutschland Wappen oder Schrift, je nach der Prägung der verbreitetsten Münzen.
Ausgebaut wurde dieses Spiel dadurch, dass man eine größere Anzahl von bemalten Bohnen, Steinen etc. in einen Becher tat, schüttelte und umstürzte. Es wurde dabei darauf gewettet, wie viele der Steine mit der unbemalten und wie viele mit der bemalten Seite nach oben zu liegen kämen. Benannt war dieses Spiel Gerade oder Ungerade (im holländischen Even or Oneven, oder im französischen Pair ou non), nach der Zuweisung des Wertes Zwei an die bemalte Seite und des Wertes Eins an die Unbemalte. Gespielt wurde es im Mittelalter praktisch in ganz Europa.
Der uns bekannte sechsflächige Würfel wurde bereits vereinzelt in Schriften der griechischen und auch römischen Antike erwähnt, weit verbreitet waren diese Würfel jedoch anscheinend nicht. Die am häufigsten verwendeten Würfel waren die nun schon öfters erwähnten Schafsknochen. Erst im Verlauf des Mittelalters finden sich mehr und mehr die gleichseitigen Würfel, obwohl sie nie so bevorzugt zum Glücksspiel eingesetzt wurden wie ungleichmäßige Würfelformen. Im 16. und 17. Jahrhundert beispielsweise waren kleine, kauernde Menschen oder Tiere aus Metall, auf deren Kopf, Gesäß und Seiten die entsprechende Punktzahl aufgemalt war, wesentlich beliebter als die gleichseitigen Würfel.
Seit der Mitte des 14. Jahrhunderts mehren sich die Versuche, das Glücks- und insbesondere das Würfelspiel zu verbieten. Das Würfelspiel – wie auch das Kartenspiel, das sich Ende des 14. Jahrhunderts rasend schnell über ganz Europa verbreitete – wurde nur allzu bald durch staatliche und kirchliche Verordnungen geächtet.
Das Kartenspiel avancierte rasch zu einem der beliebtesten Spiele überhaupt. Um die verschiedenen Verbote zu umgehen, wurden daher immer neue Namens- und Spielvarianten ersonnen oder die Karten mit neuen Farben (Symbolen) bedacht. Das führte soweit, das dieser Umstand sogar in eine Stadtverordnung (Straßburg 1462) Eingang fand, wo es heißt:
„(...) weil bei jeder Gelegenheit neue Namen für sie erdacht wurden, unter denen sie

mit der Begründung weiter gespielt wurden, da sie dann nicht mehr verboten wären (...)“!

Das Würfeln und die daraus entstehenden Spielschulden führten immer wieder zu Raufereien und Unfrieden. Dennoch scheint keine der Verordnungen allzu viel Erfolg gezeigt zu haben, da ungehemmt weiter gespielt und gewettet wurde. Demjenigen, der trotz des Verbotes beim Würfeln angetroffen wurde, drohten Strafen, die von Zurschaustellung am Pranger bis hin zur Verbannung aus der Stadt reichten. Einhalt geboten hat das der Spielleidenschaft jedoch auch nicht. Sogar aus den Heiligenlegenden gibt es Berichte – wie in der Vita der Hl. Elisabeth – in denen die Heiligen der Spielleidenschaft erlagen. Interessant ist übrigens, dass die Obrigkeit sich mit der Spielleidenschaft des Volkes schnell versöhnte, sobald erst einmal die staatliche Lotterie eingeführt wurde. Casanova soll als einer der ersten eine solche Staatslotterie eingerichtet haben.

Belote

Gewürfelt wird mit drei Würfeln. Drei Sechser gelten dabei 200, drei Einser 100, und Zahlenfolgen wie 1-2-3, oder auch 4-5-6, gelten 20 Punkte. Gewonnen hat, wer nach einer festgelegten Anzahl von Würfen die höchste Punktzahl erreicht hat.

Einunddreißig

Bei einer anderen Variante spielte man mit nur einem Würfel. Die Spieler werfen reihum und zählen ihre Punkte zusammen. Wer den Punktewert 31 erreicht, gewinnt. Erreicht keiner die Zahl genau, gewinnt der Spieler, der mit seinen Punkten am dichtesten an der 31 liegt. Wer noch einen weiteren Wurf wagt und damit die 31 überschreitet, verliert das Spiel.

Brettspiele

Brettspiele mit Wuerfeln

Neben den einfachen Würfelspielen entwickelte das europäische Mittelalter auch kombinierte Würfel-Brettspiele, ähnlich einem modernen Roulette. Auf einem Brett waren Felder mit Symbolen der Spielkarten verzeichnet, die z.B. den König (der 12 Punkte wert war) oder die Sau (die zwei Punkte wert war) darstellten. Auf dieses Brett setzen die Spieler nun ihren Einsatz. Der Spieler, der mit einem Würfelwurf nun den Zahlenwert des von ihm gesetzten Feldes erreichte, gewann die Einsätze der anderen Spieler. Erreichte keiner den von ihm gesetzten Wert, gewann die Bank.

Außer den auf der Basis von reinem Glück beruhenden Würfelspielen, bei denen die

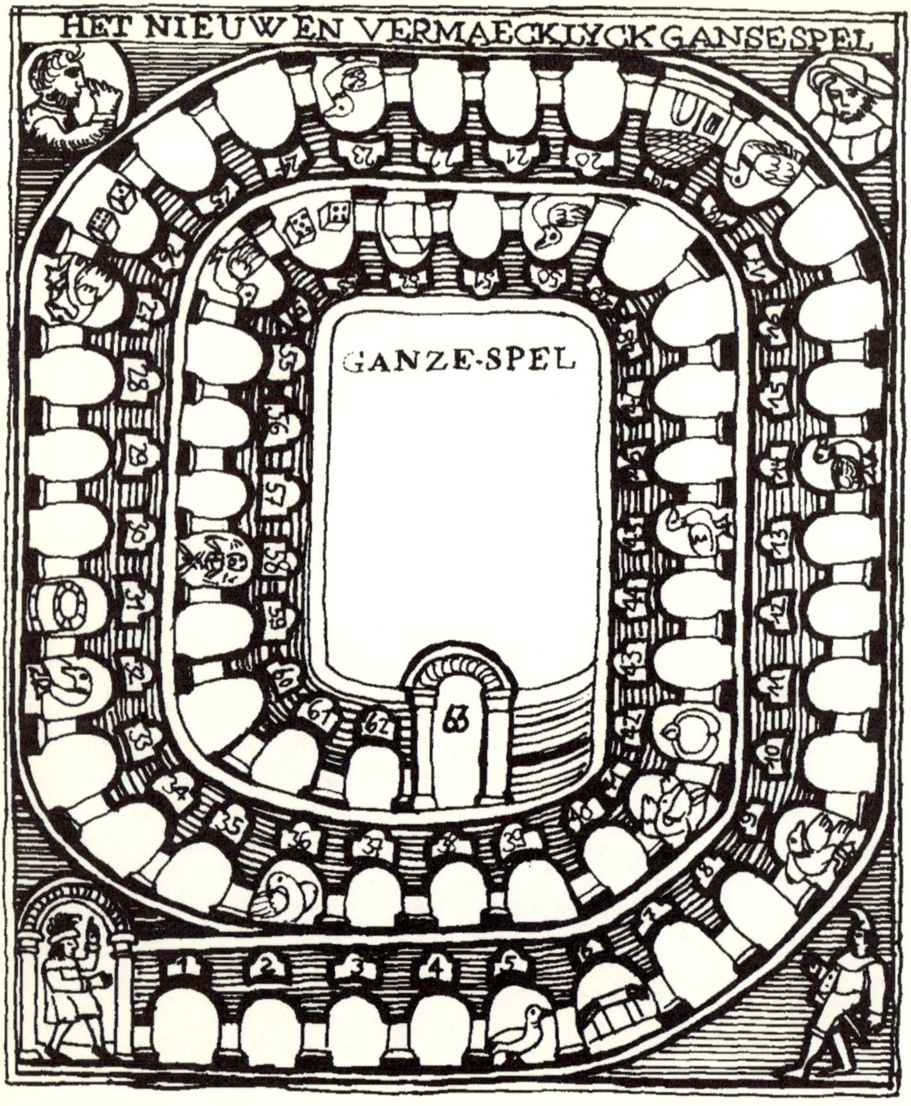

durch einen Wurf erreichte Punktzahl über Sieg oder Niederlage entschied, gab es auch Brettspiele, d.h. taktische Spiele, zu deren Spielverlauf Würfel gehörten. So unter anderem das weit verbreitete …

Gaensespiel

Die Spielfelder (Beispiel auf der linken Seite) waren spiralförmig angeordnet und man zog mit seiner Figur, vom Ausgangspunkt beginnend, immer die erwürfelte Anzahl von Feldern vor. Felder mit besonderer Bedeutung erleichterten oder erschwerten dabei das Vorankommen des Spielers. Sieger war, wer als erster das Ziel erreichte, ein Spielprinzip, das auch heute noch vielen Brettspielen zugrunde liegt.

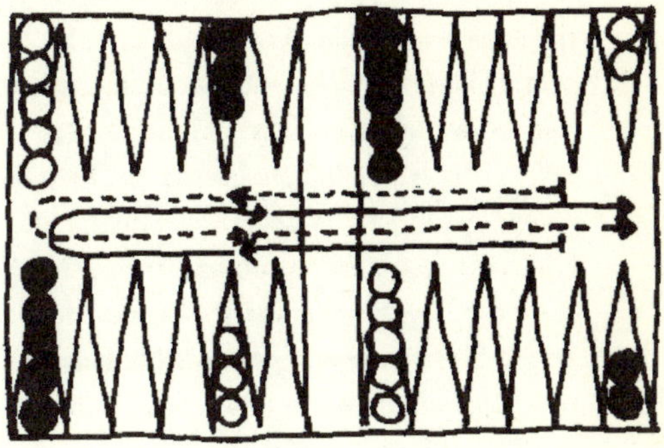

Tric – Trac

Ein weiteres, mehr auf taktischen, denn auf reinem Würfelglück aufgebautes Brett- und Würfelspiel war das bereits im Altertum bekannte Tric-Trac, das wir heute als Backgammon kennen (siehe Abb. rechts). Die Spielregeln waren relativ einfach und so war Tric-Trac beliebter als Schach, welches als die Königin der Spiele galt. Ursprünglich stammt dieses Spiel aus Persien und hieß dort Narrt, der Name Tric-Trac stammt aus Frankreich. Backgammon wurde bereits im Mittelalter in England als Bezeichnung für dieses Spiel gebräuchlich und in Deutschland nannte man es Wurfzabel oder Puff. Gespielt wurde nach denselben Regeln, die noch heute gültig sind und mit nicht geringer Leidenschaft. Ein Chronist z.B. berichtet empört, dass einige Ritter die Haupt-

masse des Kreuzzugsheeres verließen (auf der Heimreise Ludwigs IX, 1254), um eine neue Partie zu beginnen.

Domino

Für den Forscher in Sachen Spielwut stellt sich heraus, dass das Domino-Spiel ursprünglich auch ein Würfelspiel war. Sechseckige Würfel wurden dabei aneinander gelegt. Das Spiel stammt aus China, wo es noch heute unter dem Namen Nau-Tin-Kau in der ursprünglichen Variante gespielt wird. Die Umwandlung in zweigeteilte Spielsteine hat sich wohl bereits in China vollzogen. Von dort wurde es durch missionierende Mönche nach Europa gebracht, wo es seinen neuen Namen erhielt. Die höchsten Steine waren dabei die Sechser. Sieben, acht oder neun Augenfelder oder auch die Nullfelder wurden erst wesentlich später, nämlich im 19. Jahrhundert, ergänzt. Das Domino in seiner heute bekannten, wie auch in der im Mittelalter gespielten Form hängt nicht mehr vom Würfelglück ab, sondern hat sich zu einem rein taktischen Spiel entwickelt.

Brettspiele ohne Glücksfaktoren

Die taktischen Brettspiele des Mittelalters waren Mühle, Dame und natürlich das Spiel der Könige, Schach. Es gab dabei verschiedene Varianten der Spielbretter und regionale und zeitliche Unterschiede in den erlaubten Spielzügen. Gemeinsam ist ihnen jedoch, dass sie von zwei sich gegenüber sitzenden Spielern unter der Einhaltung bestimmter Regeln gespielt wurden. Sieger war nicht der, der größeres Glück hatte, sondern der, der den schärferen Verstand besaß.
Herkunft und Entwicklung dieser Spiele werden in der Fachliteratur heftig und kontrovers diskutiert. Hier wollen wir relativ einfach zeigen, seit wann diese Spiele gespielt wurden und wie sie zu den Menschen des Mittelalters gelangten.

Muehle

Das Mühlespiel ist alt. Zeichnungen, die auf den Spielplan eines Mühlespieles hindeuten, kennen wir bereits aus der Zeit des ägyptischen Pharaos Ramses I., aus dem 14. Jahrhundert v Chr. Von Ägypten ist es zunächst zu den Griechen gelangt, wo es ebenfalls mit Begeisterung gespielt wurde. Sogar in die Stufen, die zur Akropolis in Athen führten, fanden die Archäologen einen Mühlespielplan eingeritzt.
Das Spiel gelangte in ungebrochener Tradition über die Römerzeit und die christianisierte Spätantike bis in unser europäisches Mittelalter. Die Spielpläne waren dabei verschieden, erfüllten jedoch alle denselben Spielzweck. In einem Quadrat (oder Rechteck) wurden einzelne Punkte eingezeichneter Rechtecke und Dreiecke durch Linien

verbunden. Das Spielfeld wurde so in eine symmetrische Abfolge von geometrischen Mustern verwandelt. Entlang der Linien durften die Spieler jeweils um eine Station mit ihren Steinen ziehen. Ziel war es, mit drei Steinen durch mehrere Züge eine Reihe bilden zu können, was der Gegner durch geschickte Blockadezüge zu verhindern suchte. Diese Reihenanordnung hieß dann „Mühle“ und erlaubte dem erfolgreichen Spieler, dem Gegner einen Stein vom Brett zu nehmen. Hatte einer der Spieler nur noch drei Steine übrig, durfte er springen, d.h. größere Züge vollführen.

Mühle war vor allem beim einfachen Volk sehr beliebt. Man konnte den Spielplan einfach in die Erde ritzen und als Spielfiguren Steine verwenden. Doch Mühle spielten auch die Mächtigen und Reichen, und so haben sich reich verzierte und kostbar eingelegte Spielbretter des Mühlespiels erhalten, die die damalige Wertschätzung für dieses Spiel heute noch deutlich machen. Etwa im 14. Jahrhundert kamen bei den Reichen kombinierte Spielbretter für Mühle, Wurfzabel und Schach in Mode. Diese Spielbretter waren kostbar gearbeitete Kassetten, die man durch das Öffnen oder Verschließen der verschiedenen Deckel als Spielfelder der diversen Spiele nutzen konnte. Im Innern dieser Kassetten wurden die ebenso fein und kostbar gearbeiteten Figuren verwahrt. Solche Spielkassetten waren häufig so wertvoll, dass sie sogar Herrschern als Geschenk überreicht wurden. Diese außerordentlich wertvollen Anti-

quitäten kann man heute noch in Museen bewundern.
Das Mühlespiel wurde, vor allem durch die unterschiedliche Ausformung der Spielbretter, mit großen regionalen Unterschieden gespielt.

Je kleiner das Brett, desto weniger Steine wurden verwendet, was jedoch nicht bedeutete, dass das Spiel dadurch weniger raffiniert gespielt wurde. Die älteste und gebräuchlichste Form, die sich bis heute erhalten hat, ist die, bei der auf dem Spielbrett 24 Kreuzungspunkte für die Steinplatzierung zur Verfügung stehen und bei der jeder Spieler neun Steine besitzt.

Albuquerque

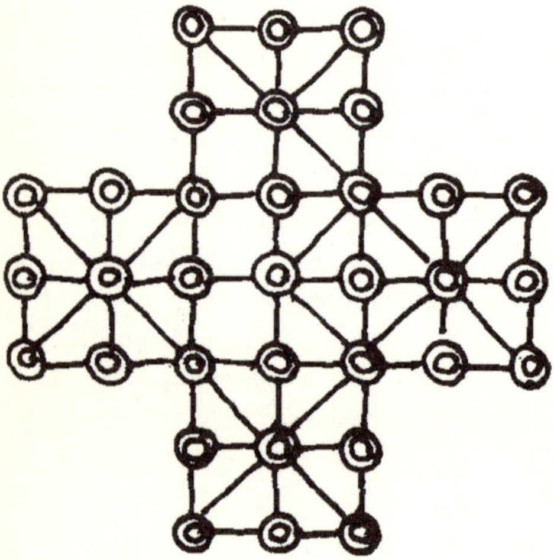

Auf einem dem heutigen Solitär ähnlichen Spielfeld werden zwölf weiße und zwölf schwarze Steine so platziert, dass nur die Mittelfelder frei bleiben. Der beginnende Spieler muss nun in die Mitte vorrücken. Die Steine dürfen jeweils um zwei Punkte vorgerückt werden, wobei sie zumeist einen bereits gesetzten Stein überspringen, und dabei sowohl gerade als auch diagonal ziehen. Überspringt ein gegnerischer Stein einen gesetzten Stein der anderen Farbe, gilt dieser als geschlagen und wird vom Feld genommen. Sieger ist, wer den letzten Stein auf dem Feld behält.
Spielbretter, die auf dieses Spiel hindeuten, existieren genauso lange wie Mühlebretter. Varianten dieses Spieles wurden während des ganzen Mittelalters gespielt, teilweise auch auf Damebrettern. In der ursprünglichen Form findet man das Spiel noch heute in Afghanistan, wo es Zwölf Geißen heißt.

Hnefatafl

Das Schachspiel stammt aus Ostasien und fand irgendwann im frühen Mittelalter Eingang nach Europa, wo es sich recht rasch verbreitete. Dabei wurde eine andere, ganz und gar europäische Brettspielart verdrängt, die erst durch archäologische Funde und die Arbeit von Urkundenforschern wieder entdeckt wurde: Hnefatafl. Verwandtschaft zu anderen Brettspielen, wenn überhaupt, besteht dabei höchstens zum chinesischen Go, dessen Spielbrett auch weitaus mehr Felder besitzt als ein Schachbrett, allerdings ist Hnefatafl wiederum kein Setzspiel wie Go, sondern ein Zugspiel. Im Gegensatz zum Schach sind die Spielfiguren des Hnefatafl bis auf eine, den König, gleichberechtigt.

Das Hnefatafl-Brett wird durch 18 waagerechte und ebenso viele senkrechte Linien in 324 Felder gegliedert. Die Spielfarbe Schwarz besitzt einen größeren Stein, den König oder Feldherren, der exakt in der Mitte des Feldes platziert wird, umgeben von seinen 24 schwarzen „Soldaten". Um diesen Ring herum beziehen die 48 weißen, „königlosen" Soldaten Aufstellung (siehe Zeichnung).

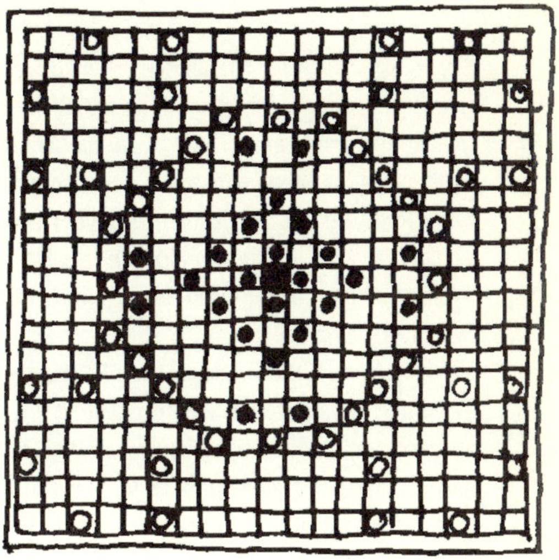

Die Soldaten dürfen sich wie die Türme im Schach bewegen. Wird ein Soldat durch zwei gegnerische Figuren flankiert, gilt er als „Kriegsgefangener" und wird vom Brett genommen. Vier weiße Soldaten müssen den schwarzen König umringen, bevor er als geschlagen gilt. Dann ist Weiß der Sieger. Schwarz siegt, wenn es dem König gelingt, den Rand des Brettes zu erreichen. Bei vielen Brettern deutet die Ornamentik auch darauf hin, dass der König oder Feldherr eines der vier Eckfelder erreichen musste.

Bretter dieses Spieles haben sich unter anderem in dänischen Gräbern des 4. Jahrhunderts erhalten und es wird noch im 10. Jahrhundert in einem Kodex aus England erwähnt. Danach scheint es jedoch mehr und mehr vom immer populärer werdenden Schach verdrängt worden zu sein. Schon im Spätmittelalter kannte kaum mehr jemand in Europa dieses Spiel. Lediglich im fernen Lappland hat sich eine Variante des Hnefatafl erhalten, die es den Spieleforschern ermöglichte, das Spiel zu rekonstruieren.

Schach

Viele Chronisten, die doch so oft Karten- und Würfelspiele verdammten, da sie das Blut der Spieler erhitzten und zu Streit und Unruhe führten, lobten die taktischen Brettspiele, die Spiele des Verstandes und unter diesen vor allem das Schachspiel. Dabei kennen wir aus dem Mittelalter die Sage von den Haimonsbrüdern, welche berichtet, dass ein Neffe Karls des Großen eine Partie Schach verlor und seinen Gegner, einen der Brüder Haimon, des Betruges beschuldigte. Dieser, in seiner Ritterehre schwer gekränkt, geriet so in Wut, dass er den Beschuldiger daraufhin kurzerhand mit dem besagten Schachbrett erschlug, woraufhin er mit seinen drei Brüdern fliehen musste.
Diese Sage war im Mittelalter ebenso bekannt wie das Schachspiel selbst und es haben sich einige illustrierte Ausgaben der Geschichte erhalten. Das Spiel der Könige wurde also nicht immer mit „königlichen" Manieren gespielt.
Woher das Schachspiel nach Europa kam, ist nach wie vor nicht eindeutig beweisbar. Der Ursprung des Spieles liegt in Asien. Seit dem 8. Jahrhundert ist es in Europa weit verbreitet. Von kostbaren Figuren aus Elfenbein oder Halbedelsteinen bis hin zu einfachsten Holzfiguren künden alle Funde von der großen Beliebtheit des Spieles beim Adel wie beim Volk.
Bei den ältesten archäologischen Funden von Schachfiguren finden sich häufig noch Elefanten als Läufer, Boote anstelle der Türme und ein Wesir anstelle der Dame – Hinweise auf den Ursprung des Spieles aus dem asiatischen Raum. Schnell wurden jedoch die heute gebräuchlichen, für den Europäer anschaulicheren Figuren entwikkelt. Im Mittelalter finden wir an Stelle des Läufers noch den kriegerischen Bischof (wie die Figur auch heute noch im englischen heißt!) und die Dame hieß damals Königin. Das Schachbrett und die Spielregeln sind jedoch unverändert geblieben.
Der eigentliche Ursprung des Schachspieles in Asien ist weitgehend unerforscht. Auch hier findet sich das Spiel „plötzlich und voll entwickelt". Natürlich sind eine ganze Reihe von taktischen Spielen als Vorläufer zu nennen, die jedoch alle nicht völlig schlüssig als Urahn des Schachspieles gelten können. Zu diesen immer wieder zitierten Vorläufern gehört unter anderem das chinesische Go, das, laut Sage, schon

vor 4000 Jahren im Reich der Mitte erfunden worden sein soll. Auch die indischen Brettspiele Maharadscha oder Dschungel oder das Chaturanga (Hindi = Die vier Waffengattungen) die alle etwa im 5. Jahrhundert vor Christus entwickelt wurden, werden oft als Ahnen zitiert, doch gemeinsam sind allen Spielen nur die Spielbretter und die Tatsache, dass Figuren (vielfach unterschiedlicher Wertigkeit) eine Schlacht austragen. Die Regeln des Chaturanga sind denen des Schach am ähnlichsten, doch wird es unter Zuhilfenahme eines kreiselartigen, prismenförmigen Würfels gespielt und enthält somit eine Zufallskomponente, die dem Schachspiel fehlt. Anders als bei Mühle oder Dame finden sich keine älteren, einfacheren Spielformen, sondern das Schachspiel der Perser ist auch das der Byzantiner und das des Mittelalters.
Hier soll natürlich kein Buch über Schach geschrieben werden und so wollen wir nur erwähnen, dass schwarze und weiße Figuren in verschiedener Rangordnung, vom König bis zum Bauer, nach festgelegten Regeln über ein in quadratische schwarze und weiße Felder geteiltes Brett ziehen. Je nach Rang der Figuren, haben sie unterschiedliche Bewegungsfreiheit. Ziel ist es, den gegnerischen König zu schlagen, bzw. in eine Situation zu bringen, aus der es kein Entrinnen mehr gibt. Diese auf deutsch „schachmatt" genannte Situation stammt übrigens vom persischen shah-mat ab: „Der Schah (König) ist tot!"

Kartenspiele

Taktisches Geschick aber auch das Glück beim Verteilen, machen den Reiz des Kartenspiels aus. Die Herkunft der Spielkarten ist dabei ebenso umstritten, wie die des Schachspieles, wenn nicht sogar noch verwirrender. In Sagen und der zeitgenössischen Geschichtsschreibung sowohl der Chinesen als auch der Ägypter, Inder und Araber beanspruchen diese Völker (und vor allem entsprechende Götter) die Erfindung des Kartenspiels für sich.
In Indien wurden die Karten ursprünglich zum Wahrsagen gebraucht, so wie die Tarock-Karten noch heute verwendet werden. Indische Karten waren ursprünglich rund und wurden über einem Schachbrett ausgespielt! Wissenschaftler verweisen darauf, dass die Symbole der italienischen Karten (Kelche, Schwerter etc.), der ältesten Spielkarten in Europa, auf Symbole des indischen Gottes Ardhanari zurückzuführen seien und dann europäisiert wurden. Andere wiederum bestreiten dies vehement.
Das spanische Wort für Spielkarten ist naipes, das italienische naibi. Im arabischen heißt die Karte nabas, der Wahrsager nabi (hebräisch naibes), was also auf arabischen Ursprung, eventuell mit hebräischer Vermittlung, hindeutet.
Schriftlich finden Spielkarten erst relativ spät Erwähnung. Mitte bis Ende des 14. Jahrhunderts finden Kartenspiele in einigen Berichten (natürlich mit der gehörigen Entrüstung!) zunächst in Frankreich und Italien Eingang in die Literatur. Verbote lassen nicht allzu lange auf sich warten und zum Beispiel für die folgenden Orte und Jahre nachweisen: in Bern 1367, in Basel 1377, in Sankt Gallen 1379, in Nürnberg ein Jahr später und 1382 ein Verbot für ganz Burgund und Flandern. Wie so oft haben die Verbote allerdings nichts genutzt und seit dem 14. Jahrhundert finden wir nun auch in den Zeugnissen der bildenden Kunst immer wieder Kartenspieler.

Blaetter

Das älteste Kartenspiel Europas sind die italienischen Karten, wo wir bereits die Einteilung in die vier Farben finden. Mit diesen vier Farben (Schwerter, Kelche, Stäbe und Münzen) wurde gespielt wie heute auch. Die höchste Karte war der König, er

zählte dreizehn Punkte. Es gab von jeder Farbe zwei Feldherren, von denen einer die Herrscherinsignien nach oben hielt, der andere nach unten, erstere Karte zählte zwölf, letztere elf Punkte.

Gefolgt wurden sie von zehn Karten, auf denen die Farbensymbole, wie z.B. der Kelch oder das Schwert, im Wert von Eins bis Zehn in ebensolcher Anzahl aufgezeichnet waren. Das Spiel hatte insgesamt also 52 Karten. Zu diesen kamen bald die Varianten, die dem König noch eine Königin zugesellten, dem Feldherren eine Dame oder einen der Feldherren durch einen Burschen ersetzten, sodass es recht viele unterschiedliche Blattvarianten gegeben haben muss. Auch die Kartenfarben variierten örtlich. In Deutschland am weitesten verbreitet waren Rot (Herz oder Blume), Eichel, Schellen und Grün (Blatt), in der Schweiz Eichel, Rose, Schellen, Wappen, in Frankreich – recht spät im 15. Jahrhundert – entstehen schließlich die vier Farben, die wir noch heute beim Kartenspiel verwenden: Herz, Pik, Caro und Kreuz.

Spielregeln

So unterschiedlich wie die Farbensymbole und der Umfang der Kartenspiele, so unterschiedlich waren auch die Spielregeln. Manchmal stellte das As, also die Eins die beste Karte dar. Bei anderen hingegen zählte sie eben nur einen Punkt. Bei einigen Spielen war wiederum die Zwei die beste Karte. Diese Karte wurde in Deutschland häufig durch ein Schwein dargestellt und aus dieser Sitte entstand das Sprichwort „Schwein haben...“. Schnell finden sich nun auch Blätter, bei denen auf einzelne Zahlen in der Abfolge der Karten verzichtet wurde, zunächst auf die Drei, Vier und Fünf, schließlich auch auf die Sechs. Erklärungsversuche, es sei eben wirtschaftlicher gewesen, die Papierplatten zum Druck der Karten in 42 anstatt 52 Felder zu unterteilen, scheinen unglaubwürdig, da die Formate der Karten mindestens so unterschiedlich waren, wie ihre Symbole.
Viele Blätter waren anscheinend regionale Entwicklungen und wurden so auch nach örtlichen Regeln gespielt. Viele in der zeitgenössischen Literatur mit Namen genannten Kartenspiele lassen sich heute nicht mehr rekonstruieren und auch erhaltene Blätter selbst geben wenig Auskunft über die Spielregeln. Einige haben sich aber durch verschiedene Quellen in Darstellung und Regel erhalten und laden heute zum Nachspielen ein.

Viele dieser an uns überlieferten Kartenspiele sind so kompliziert wie die Blätter an einzelnen Symbolkarten reich sein konnten. Allein zu den Spielkarten gibt es eine eigene Fachliteratur. So werden z.B. zu einem sehr beliebten Spiel aus Spanien, dem Hombre, 16 verschiedene und äußerst schwierige Regelwerke überliefert.

Tarock

Die Tarock-Karten, die sich heute großer Beliebtheit erfreuen und gern zu wahrsagerischen Zwecken verwendet werden, entstanden erst im 15. Jahrhundert in Italien. Es gab 58 Grundkarten mit vier Farben. Dazu kamen noch 22 weitere Karten. Bis auf den Narren waren diese durch römische Ziffern gekennzeichnet. Sie hießen trionfi (Siege) und von diesem Wort leitet sich unser Wort Trumpf ab. Die Trionfi waren: I = il Bagatello (der Schwarzkünstler), II = la Papessa (die Päpstin), III = il Papa (der Papst), IV = l'Imperatrice (die Kaiserin), V = l'Imperatore (der Kaiser), VI = la Temperanza (das Maßhalten), VII = il Carro (der Karren), VIII = l'Amore (die Liebe), IX = la Fortezza (die Kraft), X = la Ruota (das Rad), XI = il Vecchio (der Alte), XII = l'Impiccato (der Gehängte), XIII = la Morte (der Tod), XIV = il Diavolo (der Teufel), XV = il Fuoco (das Feuer), XVI = la Stella (der Stern), XVII = la Luna (der Mond), XVIII = il Sole (die Sonne), XIX = l'Angelo (der Engel), XX = la Giustizia (die Gerechtigkeit), XXI = il Mondo (die Welt). Als 22. Karte trat der Narr hinzu, der keinen Zahlenwert besitzt.

Diese Karten sind im großen und ganzen bis heute gebräuchlich. Das umfangreichste Spiel war der Florentiner Tarock, der mit 92 Karten gespielt wurde. Zu den vier Farben kamen 35 nummerierte und sechs unnummerierte Karten mit Sternbildern. Einzelne Karten wurden immer wieder verändert. So findet sich z.B. an Stelle der Kaiserin manchmal eine Juno mit Blitzen oder anstelle der Gerechtigkeit eine Darstellung des Jüngsten Gerichtes. Der ursprüngliche Name des Spieles lautete Trappola und veränderte sich erst später zu Tarock. In einigen Quellen findet sich der Hinweis auf ein Tarocchino genanntes Kartenspiel aus Bologna, das bereits 1419 erwähnt wird und vielleicht den Ursprung des entwickelten Trappola darstellt.

Das Landsknechts-Spiel

Das Spiel erhielt seinen Namen von seinen Schöpfern oder zumindest von den Personen, bei denen es am beliebtesten war. In der Ständegesellschaft des Mittelalters hätte eine adelige Dame niemals ein solches Spiel gespielt und sei es nur des Namens wegen. Ein Bankhalter legt drei Karten vor sich verdeckt auf den Tisch. Dann werden die Einsätze gemacht. Der Bankhalter deckt nun zunächst die beiden äußeren Karten auf. Sind sie gleichwertig, gehört der Gewinn der Bank, sind sie es nicht, wird die mittlere Karte aufgedeckt. Ist diese dem Wert nach mit der rechten identisch, erhält ebenfalls der Bankhalter die Einsätze, ist sie der linken gleichwertig, teilen die Spieler die Einsätze unter sich. Entspricht sie keiner der beiden Karten, werden drei neue Karten aufgelegt und die Einsätze erhöht.

Bakkarat

Bakkarat entstand Ende des 15. Jahrhunderts in Frankreich. Der Bankhalter verteilt hierbei offen die Karten an die Spieler. Jeder Spieler möchte mit seinen Karten den Wert Neun erreichen. Höhere Kartenwerte sind Nieten. Sobald einer der Spieler acht oder neun Punkte erreicht hat, hat er das Recht, die Partie abzubrechen und den Gewinn einzustreichen.

Imperial

Imperiál war ein etwas feineres Kartenspiel, das auch für höhere Stände „geeignet" war. Neben dem reinen Kartenglück kam hier noch taktisches Geschick hinzu. Gespielt wurde mit den auf 32 Karten reduzierten französischen Farben. Zwei Spieler traten gegeneinander an, von denen jeder 12 Karten erhielt. Eine wurde als Trumpf offen niedergelegt, die restlichen schieden verdeckt aus dem Spiel aus. Ziel war es, die Folge König-Dame-Bube-Sieben zu erhalten, die dann mit dem Ausspruch „Imperiále" gemeldet wurde. Mit ihren zu dieser Kartenfolge nicht benötigten Karten „stachen" die Spieler gegenseitig, beginnend mit der in der Mitte niedergelegten Karte. Man versuchte durch das Stechen höherwertige Karten in den eigenen Besitz zu bekommen, bis eben einer den Imperiale erreicht hatte.

Raetsel

Neben den mit Hilfsmitteln wie Karten, Spielsteinen, -brettern oder Würfeln gespielten Spielen, waren vor allem Rätselspiele ein beliebter Zeitvertreib. Die ersten Rätselsammlungen gehen bereits auf die Antike zurück und in den Sagensammlungen aller Völker findet sich immer wieder eine Erzählung, in der ein tapferer (und kluger!), junger Kämpe das halbe Königreich und die Hand der Prinzessin durch den Sieg im Rätselkampf erlangt. Sogar vom Kirchenlehrer Eusebius haben wir eine Rätselsammlung, die aber, Amt und Würden des Herren eingedenk, recht einfältig und frömmelnd ist. Die Rätsel durften ansonsten ruhig auch mal derb sein, was bei der Lösung Heiterkeit verursachte.
Zu den reinen Rätsel- oder Reimspielen kamen auch noch pantomimische Ratespiele, bei denen einer der Spieler z.B. den Anfangsbuchstaben des gesuchten Begriffes nannte und durch Gesten den Mitspielern das Raten erleichtern musste. Wer den

Begriff erriet, nahm die Stelle des Pantomimen ein. Solcherlei Begriffe raten konnte auch mit verbalen Umschreibungen gespielt werden. Alle Hinweise waren erlaubt, lediglich direkt verwandte Worte durften nicht benutzt werden.
Da bei diesen Spielen sehr oft derjenige, der einen Fehler beging, ein Pfand geben musste, gestalteten die Handelnden das Raten recht schwierig. Verdeckt griff der Spielleiter nach dem Erraten des Begriffes dann nach den einzelnen Pfändern und fragte die Mitspieler: „Was soll der Besitzer des Pfandes tun, um es auszulösen?“ Das führte natürlich zu weiterer freudenreicher Kurzweil.
Eines der berühmtesten Rätsel ist unter anderem auch in einer Villa in Pompeji in einem Fresko zu finden. Leonardo da Vinci hat es aufgezeichnet und schon Homer soll, da er es nicht lösen konnte, so trübselig geworden sein, dass er schließlich verstarb! Es lautet:
„Auf die Frage, was sie gefangen hätten, antworten die heimkehrenden Fischerjungen: Das, was wir fingen, ließen wir draußen, das was wir nicht fingen, bringen wir mit uns zurück.“
(Lösung: Sie lausten sich gegenseitig auf See. Die Läuse, die sie fingen, warfen sie ins Wasser, die, die ihnen entgingen, die sie nicht fangen konnten, brachten sie wieder mit zurück!)
In den mittelalterlichen Schreibstuben wurden mit Vorliebe, um der Eintönigkeit der geistlichen Schriften zu entrinnen, Rätsel kopiert. Leider ohne die Lösungen anzugeben! Und so rätseln wir noch heute an manchen jahrhundertealten Rätseln. Die Themen waren dabei, zumindest vordergründig, oft biblischer Natur.
„Wer war der Mann, der mit einem einzigen Schlag ein Viertel seiner Zeitgenossen ausrottete?“
(Lösung: Kain)
Oder:
„Welcher Hund konnte so laut bellen, dass jeder Mensch ihn hören konnte?“
(Lösung: Der Hund im Paradies oder der auf der Arche Noah)

Gereimte Raetsel

Die Rätsel wurden oft in Versform gebracht. Eines der bekanntesten, das in der Edda verzeichnet ist, lautet:
Kam Vogel federlos,
Setzt‘ sich auf Baum blattlos,
Kam Frau fußlos,
Briet ihn feuerlos,
Fraß ihn mundlos.
(Lösung: Die Schneeflocke, die sich im Winter auf dem Baum niederlegt, wird von

der Sonne, der mund- und fußlosen Frau, verzehrt).
Oder auch:
Ein Vogel in der Luft schwebt,
Seins gleichen auf der Erd‘ nicht lebt.
Seine Flügel sind in der Hitze gewachsen,
wann er hungert, isst er sieben Ochsen!
(Der Wetterhahn, aus Eisen geschmiedet, hat niemals Hunger)
Einige dieser als Sinngedichte abgefassten Rätsel sind nicht ganz so schlicht, sondern von ganz anderem „Kaliber“. Vor allem die in lateinischer Sprache aufgezeichneten Rätsel waren bisweilen recht boshaft. Über Papst Clemens VI wurde 1342 ein Gedicht verbreitet, dass so lautete:
Laus tua fraus, virtus non copia rerum,
scandere te fecit hoc decus eximium.
(Deine Verdienste, nicht trügerischer Frevel, deine Tugend, nicht dein Reichtum erhoben dich zu dieser höchsten Ehre.)
Die Worte ergeben aber auch zeilenweise in von hinten gelesener Reihenfolge Sinn:
Rerum copia, non virtus fraus tua laus,
eximium decus hoc fecit te scandere.
(Reichtum, nicht aber Tugend, Betrug, nicht dein Verdienst, ließen dich diesen höchsten Rang erklimmen.)
Ein Witz, ein Rätsel für die Gebildeten!

Raetselspiele

Neben dem reinen Rätselraten wurden in den feineren Kreisen auch sinnige Reimspiele getrieben. Der Schriftstellerin Christin de Pizan verdanken wir die Schilderung dieses Spieles, bei dem die Dame die erste Zeile sprach und nun die Mitspielenden (Galane) weitere Verse dichten mussten, möglichst mit Verstand und Witz und einem darin versteckten Kompliment. Dieses Spiel erhielt später in Frankreich den Namen jeu de corbillon, da es schließlich der Einfachheit halber immer mit den Worten begann: „Je vous remets mon corbillon; qu‘y meton?“ („Ich reiche Ihnen mein Körbchen, wer möchte etwas hineinlegen?“)

Morra

Morra ist ein einfaches Ratespiel um Zahlenwerte. Nichtsdestotrotz wurden auch hier große Summen gewettet. Gespielt wurde es von zwei Spielern. Beide strecken gleichzeitig eine Hand aus, mit der sie einen beliebigen Zahlenwert von eins bis fünf anzeigen. Zum selben Zeitpunkt, ohne auf die Hände zu sehen, rufen beide einen geschätzten Wert zwischen zwei und zehn. Wer dabei erraten hat, was die Hände zeigen, hat die Partie gewonnen. Das Spiel stammt aus Italien und wird dort heute noch gespielt. Das Spiel findet in der Literatur seit dem 15. Jahrhundert Erwähnung und scheint auch außerhalb Italiens gespielt geworden zu sein. Verwandt sind diesem Spiel ähnliche Gestenspiele wie das heute noch bekannte Knobeln um Stein, Schere und Papier.

Sportliche Wettkaempfe

Allgemeines

Im Winter lief man Schlittschuh, ein Sport, der seit dem 13. Jahrhundert betrieben wurde und lieferte sich Schneeballschlachten. Im Sommer hingegen scheint man nicht allzu oft geschwommen zu sein. Zumindest finden wir dafür weder in Bild noch geschriebenem Wort Hinweise darauf. Allerdings fanden vielerorts Ruderwettkämpfe statt, sodass nicht behauptet werden kann, dass die Menschen des Mittelalters das Wasser gemieden hätten.

Wettlaeufe

Bei entsprechend gutem Wetter fanden auch im Freien Spiele statt. Zur Belustigung und dem Ergötzen der männlichen Bevölkerung fand hierbei oft ein Wettlauf der Bauern- und Bürgertöchter um als Preis ausgesetzte seidene Kopftücher oder Schürzen statt. Ein Erlass von 1534 verbot den Teilnehmerinnen an diesen Wettläufen sich bis aufs Hemd zu entkleiden, was den Spaß für die Zuschauer erheblich beeinträchtigt haben dürfte.

Fangen

Weitere Gesellschaftsspiele, die vor allem der Belustigung des Publikums dienten, waren das Sackhüpfen oder der Wettlauf mit einem auf dem Kopf zu balancierenden Teller. Erwachsene wie auch Kinder spielten Fangen, das bei den Erwachsenen zu gehörigem „Ringelpiez mit Anfassen" ausarten konnte, weil Körperkontakt auch zwischen anständigen Mädchen und Burschen erlaubt war. Dabei gab es verschiedene Varianten des Spieles. Aus England stammt die Form, bei der die Spieler in zwei Gruppen aufgeteilt wurden. Ein Baum bildete das Mal, erreichten ihn die gegnerischen Spieler, schlugen sie sich frei. Die andere Mannschaft versuchte, das zu verhindern, indem sie eine Kette vor dem Baum bildete, aber auch versuchen musste, die anderen Spieler abzuschlagen, das heißt durch das Berühren eines Spielers der anderen Mannschaft diesen vom Spiel auszuschließen.

Zu den Wettkämpfen gehörten auch Kegel- und Kugelspiele wie Boccia, aber auch Zielschießen mit Armbrust, Pfeil und Bogen und später auch mit Musketen. Zu dieser Gattung der Geschicklichkeitsspiele gehörte auch das Hufeisenwerfen, bei dem ein Hufeisen möglichst nahe an oder am besten um einen in einiger Entfernung in die Erde getriebenen Pflock geworfen werden musste oder auch das englische Darts, welches seit dem 15. Jahrhundert mehrfach dokumentiert ist.
Blinde Kuh gehört ebenfalls zu den Fangspielen, bei denen der Fänger mit verbundenen Augen einen anderen Spieler ergreifen muss. Der Ergriffene muss dann die Rolle der blinden Kuh übernehmen.
Auch das Bockspringen oder Versteckspiel war durchaus ein Spaß für Erwachsene. Viele der Spiele, die bei uns heute als Kinderspiele gelten, waren den Menschen des Mittelalters ein kurzweiliger Zeitvertreib.
Sportwettbewerbe, wie sie die Antike kannte und wir sie heute kennen, waren hingegen eher unbekannt.

Wettkaempfe

Spiele und Wettkämpfe im Freien waren in den meisten Fällen an die Feier eines Heiligenfestes geknüpft. Das waren Tage, an denen die alltägliche Arbeit ruhte. Die Festtage des Mittelalters waren insgesamt sehr zahlreich, dennoch wurden verschiedene Heilige regional unterschiedlich gefeiert und geehrt. In Venedig feiert man noch heute zu Ehren des Hl. Markus große Feste, ein Heiliger, dessen Namenstag anderenorts für wesentlich weniger Aufregung sorgt. Einige Feste waren jedoch überregional und wurden überall gefeiert. So z.B. im Januar der Dreikönigstag, bei dem eine eingebackene Bohne in Kuchen verborgen wurde. Wer diese fand, wurde zum König des Tages gekrönt.
Oder die Nacht zwischen 30. April und 1. Mai, die Walpurgisnacht, in der man durch allerlei Lärm und Geschrei böse Geister verscheuchen wollte. Anschließend fanden die Maifeiern statt, bei denen symbolische Wettkämpfe zwischen Sommer und Winter ausgefochten, Maibäume errichtet und Maiköniginnen gefeiert wurden. Im August folgten Erntefeiern, im September wurde der Michaelistag begangen usw.

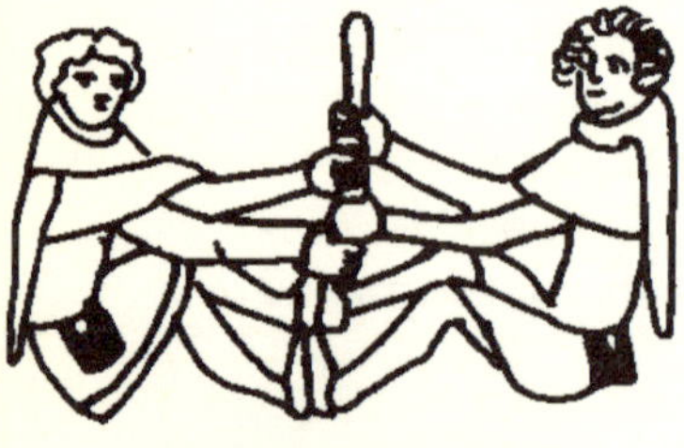

Ähnlich wie beim Wettlauf der Mädchen produzierten sich die männlichen „Sportler“ gern vor dem anderen Geschlecht. Es gab einige Wettbewerbe, die nur von Männern ausgetragen wurden und der Ermittlung des Stärksten dienten. So etwa das Seilziehen, Fingerhakeln, Armdrücken, sowie Ring- oder Faustkämpfe.

In der italienischen Stadt Perugia wurde sogar seit dem 13. Jahrhundert alljährlich eine regelrechte „Schlacht" abgehalten, bei der das Volk sich mit allerlei nützlichen wie unnützen Panzern schützte und in zwei Parteien gegeneinander ins Feld zog, wobei man sich wüst mit Steinen bewarf. Die Battaglie de Sassi wurden mit solcher Heftigkeit ausgetragen, dass es immer wieder zu Verletzungen und Todesfällen kam, was schließlich zu Verbotsversuchen des Stadtrates führte. Die Versuche fruchteten aber nicht viel, denn die Einwohner Perugias hielten am Brauch der Schlacht fest, vielleicht auch, weil eine Verwundung in einem solchen Wettkampf als durchaus ehrenvoll und Glück verheißend für das nächste Jahr galt.
Auch aus Siena, Florenz oder Pisa berichten die Chronisten von diesen mit dem Sammelbegriff Mazzascudo bezeichneten „Städterschlachten". Außerhalb Italiens scheint sich dieser blutrünstige Zeitvertreib jedoch nicht verbreitet zu haben.

Ballspiele

Ballspiele sind ebenso alt wie die bereits besprochenen Brettspiele. Schon von Alexander dem Großen berichten die Chronisten, dass er von dem Perserkönig Dareios III. eine Aufforderung erhalten hatte, den anstehenden Krieg anstatt durch blutige Schlachten im Polospiel auszutragen. Alexander schlug dieses Angebot jedoch aus. Vielleicht war er sich nicht ganz sicher, ob es ehrenvoller wäre, als Feldherr oder Profisportler in die Geschichte einzugehen.
Gespielt wurden aber auch Federball und Tennis, und ein Mysterienspiel des 14. Jahrhunderts zeigt, dass die Teufel angeblich mit der Seele des Judas Fußball spielen. Der Volkssport der Deutschen wurde also schon von den Teufeln des Mittelalters gern gespielt.
Im mittelalterlichen England spielte man Rugby und Crosse, eine Urform des Hokkey. Die Regeln waren bei den Spielen mehr oder weniger dieselben wie heute, zwar nicht ganz so kompliziert, doch in den Grundzügen ähnlich und damals wie heute fanden Turniere zwischen verschiedenen Mannschaften statt.

Die Tournaille

Ein ausschließlich von den Adeligen betriebener „Sport", bei dem das Volk nur als Zuschauer zugelassen war, waren die Turniere. Sie dienten nicht allein dem ritterlichen Kräftemessen, sondern auch der Unterhaltung der Zuschauer und stellten eine Art Mittelding zwischen (professionellem)

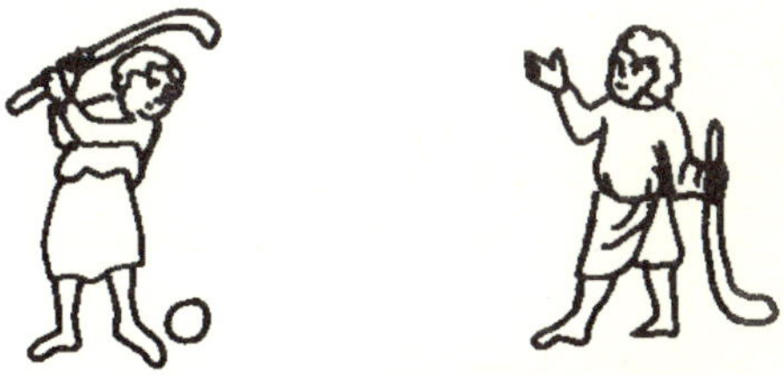

Kampfsport und Vorführung dar – Panem et circenses! (lat. Brot und Spiele) war schon das Motto der römischen Cäsaren, die durch dieses Konzept das Volk bei Laune hielten.

Ursprünglich entstanden die Ritterturniere recht unspektakulär als Mannschaftskämpfe in der späten Karolingerzeit. Sie dienten der Ertüchtigung mit den Waffen, quasi der spielerischen Übung des Kriegshandwerkes. Die Sage will den Herrscher Heinrich I. als den Urheber der ritterlichen Zweikampf-Turniere sehen, der seinen Sieg über die Ungarn im Jahre 933 mit einem solchen Waffengang feierte. 2091 berittene Edelleute sollen daran teilgenommen haben. Diese große Zahl legt jedoch nahe, dass man bereits einige Erfahrung im Abhalten solcher Turniere hatte, weil die Durchführung einer solchen Veranstaltung ja einiges an Logistik und Planung voraussetzt.

Den berittenen Zweikampf zweier Edelleute, zu deutsch Tjost oder französisch joust,

finden wir zuerst im 10. Jahrhundert. Die Blüte dieser Zweikämpfe war aber das Hohe Mittelalter, welches auch die Zeit größter Ritterlichkeit und höfischer Minne war. Bereits im späten 14. und erst recht im 15. Jahrhundert fanden die Turniere ihren Niedergang. Einerseits wurden die Regeln und auch die zugelassenen Waffen immer seltsamer (so wurde z.B. ein Adeliger ausgeschlossen, wenn er „wie ein Bürgerlicher Handel trieb"), andererseits stieg auch die Zahl von Rittern, die von Turnier zu Turnier zogen, um mit den Preisgeldern ihren Lebensunterhalt zu bestreiten: Frühe Profisportler!

In der Blütezeit der Turniere waren es glanzvolle Ereignisse und Höhepunkte des ritterlichen Lebens, dabei jedoch nicht ungefährlich. Es kam immer wieder zu Unglücksfällen, bei denen Edelleute ihr Leben verloren, trotz der speziell für diese Gelegenheiten präparierten (angesägten oder hohlen) und stumpfen Waffen.

Das Lanzenstechen entwickelte sich zu einem Wettkampf, an dessen Ende der Geschickteste stehen sollte. Zweikämpfe mit dem Schwert konnten hingegen den Charakter echter Duelle annehmen und wurden nicht so sehr als „Sportwettkämpfe" gesehen. Sie wurden – vor allem im 13. Jahrhundert – durchaus auch schon mal auf Leben und Tod geführt.

Der Kirche und auch den Landesherrschern war dies, wie könnte es anders sein, ein

Dorn im Auge. Sie hätten die Edlen viel lieber auf einem Feldzug oder bei der Befreiung der Heiligen Stadt Jerusalem verbluten sehen, als auf dem Turnierfeld. König Edward II. von England erließ zum Beispiel in seiner Regierungszeit nicht weniger als 40 Verbote gegen das Tjostieren, dennoch scheint sich niemand allzu sehr darum geschert zu haben, wie uns das so oft bei den mittelalterlichen Erlassen begegnet. Das Turnier war ein angesehener und auch beliebter Zeitvertreib des Adels und sein alleiniges Privileg. Es wurde als solches durch Zulassungs-Regeln gehütet. Mit dem Niedergang der Feudalgesellschaft und dem Aufstieg der Bürger verlor aber auch das Turnier an Bedeutung. Auf bürgerlichen Festen vertrieb man sich mit anderen Dingen die Zeit. Und ein Kaufmann mochte vielleicht im hohen Mittelalter noch neidisch gewesen sein, dass es ihm verboten war, sich beim Lanzenstechen zu beweisen, aber später wird er seine Bestätigung eher in seinem Reichtum gefunden haben, der den des Adels in vielen Fällen weit übertraf. Übrigens hielt schon Karl IV. nicht mehr viel vom Turnier. Er war der Ansicht, dass man sein Talent zum Regieren auch anders beweisen könne, als beim „Kampfsport" Schädel einzuschlagen – oder sich einschlagen zu lassen …

Turnierverlauf

Ein Turnier wurde fast zu jeder sich bietenden Gelegenheit veranstaltet. Zu Heiligenfeiern, Hochzeiten, Taufen, zum Frühlingsbeginn, zu Ostern, zu Pfingsten etc. Auch bei einem drei Jahre dauernden Waffenstillstand während des Hundertjährigen Krieges zwischen Frankreich und England hielt man vor der belagerten Stadt Calais Wettkämpfe ab. Gelegenheit macht Turniere!
Der Wettkampf musste zumeist ausreichend früh angekündigt werden, sodass es auch Rittern aus anderen Landesteilen oder gar aus dem Ausland möglich war, anzureisen. Jeder Ritter baute nun ein Zelt auf, vor dem er seine Schilde an einer Stange ausstellte, den zu Kriegszeiten verwendeten Kampfschild und den zu Friedenszeiten verwendeten Prachtschild. Jeder, der ihn herausfordern wollte, kam nun selbst oder schickte einen Gefolgsmann, um an diese Schilde zu schlagen. Ein Schlag an den Friedensschild bedeutete einen Waffengang mit stumpfen, ein Schlag auf den Kriegsschild einen Kampf mit scharfen Waffen.
Am ersten Tag des Wettkampfes versammelten sich Volk und Adel erstmals und ein Herold verkündete Anlass und Schutzherr (Veranstalter) des Turniers, die Namen der teilnehmenden Kämpen und alle ausgesetzten Preise. Nach dieser Ankündigung wurden die Waffen der zum Turnier Antretenden geprüft. Mancherorts und zu mancher Zeit wurden Pferde, Sattel und Waffen vor den Kämpfen verlost, um jeden Betrug auszuschließen. Anschließend stellten die Ritter Rüstung, Waffen und Rösser dem staunend vorbeiflanierenden Volk zur Schau. Schon war der erste Tag vergangen und man begab sich des Abends gemeinsam zum Bankett. Nahm später ein Ritter am Turnier teil, der seine Ausrüstung nicht ausgestellt hatte, weil er zu spät anreiste, zu arm war oder aus irgendeinem Grund als ehrlos galt, wurde er auf die Turnierschranken gesetzt und die Knappen durften auf ihn einprügeln, bis ihm seine Rüstung vom Leibe fiel. Der heute vielbewunderte Schwarze Ritter, der plötzlich auftaucht und das Feld der Ritter von hinten aufrollt (Ivanhoe und Konsorten), hätte in Wahrheit nicht viel zu lachen gehabt.
Am zweiten Tag wurden die Preise in der Arena vorgeführt. Anschließend begannen die Kämpfe. Die Preise waren zumeist ritterliche Ausrüstungsgegenstände. 1225 erhielt der Sieger eines Turniers in Siena ein mit seidener Schabracke und Rüstung versehenes Schlachtross, der zweite einen Helm und der Dritte ein Schwert. Manchmal ging den einzelnen Zweikämpfen ein Buhurt, ein Mannschaftswettkampf, voraus, der manchmal in regelrechte Schlachten ausartete und bei dem oft private Zwistigkeiten höchst ehrlos (und streng verboten) im Schutz des Getümmels ausgetragen wurden.
Der Herold (oder die Herolde) war zugleich auch eine Art Schiedsrichter: Er eröffnete

und beendete den Kampf und sorgte für die Einhaltung der Regeln. Dem Ende des Turniers folgte die Siegerehrung und wiederum ein Festbankett. Kleinere Turniere mögen nur einen Tag gedauert haben, größere eine Woche oder länger.
Die Gefahr für Leib und Leben hielt sich bei den Turnieren dabei zu allen Zeiten halbwegs in Grenzen. Die Ritter zogen in voller Panzerung gegeneinander und hielten sich meist an ritterliche Regeln. Vor allem während des Niedergangs der Turniere seit dem 14. und dann vor allem im 15. Jahrhundert wurden mehr und mehr spezielle Turnierrüstungen entwickelt, die schwerwiegende Verletzungen unwahrscheinlicher machten. Üble Verletzungen und gar Todesfälle waren tatsächlich meist Unfälle und eher die Seltenheit. Vergleichbar ist das Ganze in gewisser Weise schon mit dem heutigen Profi-Hochleistungssport, wo es ja auch durchaus immer mal wieder zu Todesfällen kommen kann und, etwa beim Motorsport, das Risiko ja auch nicht gerade gering ist.

Bauernturniere

Um 1450 finden sich in den Chroniken nun Berichte über „Bauernturniere", Karikaturen der ritterlichen Vorbilder. Gepanzert waren die Teilnehmer mit möglichst vielen lächerlichen Lumpen, die Lanzen waren aus Strohgeflecht und die Streitrösser Esel. Diese Turniere dienten zur Volkserheiterung und waren ganz bestimmt nicht als Zweikampf um Ehre und Ansehen gedacht.

Tiersportarten

Pferderennen

Ein weiterer Zeitvertreib waren die Sportwettkämpfe mit Tieren. Pferderennen waren vor allem im mittelalterlichen Italien beliebt. Zum Fest der Himmelfahrt Marias und auch zum Namenstag des Petrus wurden in ganz Italien Rennen abgehalten, die berühmtesten in Florenz und Siena, wo sie noch heute ausgetragen werden. Im restlichen Europa war diese Leidenschaft spärlicher verbreitet und kam erst im Laufe des 15. Jahrhunderts in Mode.

Hahnenkaempfe

Zu den Wettkämpfen mit Tieren gehörten aber auch die Hahnen- und Hundekämpfe, die allerorten verbreitet und außerordentlich beliebt waren. Auch Tierhatzen, Wettkämpfe verschiedener Tiere gegeneinander – wie z.B. Bullenbeißer gegen Stier – wurden veranstaltet, wie schon in der Antike, allerdings in weniger großem Umfang. Anders als in der heutigen Gesellschaft sah man im Tier weniger ein mit gewissen

Rechten versehenes Lebewesen als vielmehr einen Gebrauchsgegenstand. Der Alltag des Mittelalters war hart und voller Mühsal und so waren auch die Vergnügungen nicht immer zimperlich.

Tierhatzen

Man vergnügte sich auch mit einer Abart der üblichen Jagdvergnügen, bei der gefangene Feld- und Waldtiere in einen kleinen umzäunten Hof getrieben wurden, wo sie dann von den zu diesem „Spaß“ versammelten Gästen mit Knüppeln erschlagen wurden. Im englischen Stamford feierte man ein Fest ähnlich dem, welches noch heute im spanischen Pamplona gefeiert wird. Man trieb Stiere durch die Gassen der Stadt. Nur wurden hier, in England, die Stiere von den Menschen verfolgt und niedergeschlagen.

Gaensehaengen

Das Gänsehängen wird heute noch in Deutschland als Fastnachtsbrauch betrieben, heute allerdings mit toten Gänsen. Im Mittelalter war dies ein verbreiteter Festspaß in ganz Europa. Eine Gans wurde lebend am Halse aufgehängt, dabei aber nicht stranguliert. Die Teilnehmer mussten nun (je nach örtlicher Variante) durch Hochspringen, im Vorbeireiten oder vom Boot aus die Gans erreichen und kräftig an ihrem Hinterteil oder ihren Beinen reißen. Sieger war der, der das Tier schließlich durch das Abreißen des Kopfes vom Rumpf tötete und sich so eine willkommene Bereicherung seines Speiseplanes sicherte.

Katzenhaengen

In Italien gab es noch das Katzenspiel. Dabei musste ein Mann, der einen Helm trug, gegen eine Mauer anrennen, an der eine Katze, an allen Vieren gefesselt, weit ausgespreizt befestigt war. Ziel des Spieles war es, die Katze mit einem Kopfstoß zu zermalmen.

Mosca

Ebenfalls aus Italien stammt ein Tierwettkampf, der an simpler Blödheit kaum zu überbieten ist: Mosca. Zwei Spieler setzten sich an einem Tisch nieder und stellten einen Teller mit einem Stück Kuchen vor sich. Sieger war, auf wessen Teller sich zuerst eine Fliege (ital. mosca) niederließ!

Zum Zeitvertreib der Menschen des Mittelalters gehörten auch diese „Spiele“, so befremdlich uns heute so manches erscheinen mag. Das Bild des Mittelalters wäre nicht komplett und fälschlich romantisiert, würden diese Freizeitbeschäftigungen verschwiegen. Was wir lernen müssen, ist, sie aus der Sicht der Menschen des Mittelalters zu beurteilen, nicht vorab zu verurteilen. Verurteilen können wir sie aus unserer heutigen Sicht – und wohl auch zu Recht – dennoch sollte man vorsichtig sein, die Menschen damals wegen solcher Dinge als primitiv anzusehen

Das Nachleben mittelalterlichen Lebensgefühls muss, bei aller Freude an der Vielschichtigkeit dieser Zeit, vor solchen, heute nicht mehr vertretbaren Erscheinungen jedoch Halt machen.

Kleidung

Kleidung im Fruehmittelalter

Kleidung ist einer der ursprünglichsten Indikatoren für die gesellschaftliche Stellung einer Person. Bereits in den Staaten der Antike und auch in den germanischen und keltischen Stämmen gab es reglementierte Kleiderformen, die ausschließlich bestimmten Personengruppen vorbehalten waren, so z.B. Priestergewänder oder spezielle Muster bei gewebten Stoffen, die einen Häuptling kennzeichneten.

Kleiderordnungen

Das Mittelalter, insbesondere die frühen Jahrhunderte, in denen die Verschmelzung von antikem Erbe und germanischem Hintergrund stattfand, entwarf deutlich und schnell eine Vorstellung vom Menschen in einer Welt, die durch Besitz und Stand gekennzeichnet war. Bereits aus dem Jahre 808 besitzen wir von Karl dem Großen selbst die erste Kleiderordnung des Mittelalters, der noch viele weitere folgen sollten. Die „Aufwandverordnung" Karls des Großen war noch keine Kleiderordnung im Sinne der später folgenden, welche die Formen einzelner Kleidungsstücke bis ins kleinste Detail festlegten, z.B. wie lang die Schuhspitzen abhängig vom gesellschaftlichen Stand des Trägers sein durften. Sie schrieb vielmehr vor, wie viel Aufwand zur Herstellung der Standeskleidung betrieben werden durfte.

Das Aufwandgesetz war weder so detailliert noch so ausführlich wie spätere Kleiderordnungen, übte aber dennoch große Wirkung aus: Es gestand z.B. Bauern nur sechs Ellen Werg (grober Wollstoff) zur Herstellung ihrer Kleidung zu. Durch diese Einschränkung der Quantität der Kleidungsmaterialien entstand zwangsläufig eine Abgrenzung zu den Kleidungsformen der Gesellschaftsschichten, die solchen Beschränkungen nicht oder in einem anderen Maße unterworfen waren.

Standesordnung im

Spiegel der Kleidung

Die von uns hier hauptsächlich behandelten Jahrhunderte des Hohen und Späten Mittelalters bieten eine große Vielfalt an Kleidungsformen. Die Gesellschaft war vielschichtiger geworden als in den früheren Jahrhunderten. Allein der Unterschied zwischen freiem oder unfreiem Bauer zeichnete sich bereits in der Kleidung ab, ganz zu schweigen von den vielfältigen Schattierungen der Standesunterschiede innerhalb der städtischen Gesellschaft. Bürger, Handwerker, Kaufleute, Adelige, Doktoren, Studenten, Arbeiter, Bettler etc. Ein jeder gehörte einer eng definierten sozialen Gruppe an und brachte dies, ob freiwillig – durch Zunfttrachten oder Familienfarben eines Adelshauses – oder unfreiwillig, durch äußerliche Armut, zum Ausdruck, wobei das Auftreten durch diverse Kleiderordnungen noch zusätzlich reglementiert wurde.

Die immer reicher werdenden Patrizier lehnten sich peu à peu gegen die Kleidergesetze auf, da sie ihr neu erworbenes Selbstvertrauen und ihren Reichtum genießen und vor allen Dingen zur Schau stellen wollten. Je mehr eine Verordnung unterhöhlt und boykottiert wurde, indem man sie zumeist einfach ignorierte, desto öfter wurden neue erlassen. Zumeist mit nicht allzu viel Erfolg. Wer Geld hatte, zeigte es in seiner Kleidung.

Dennoch musste deutlich bleiben, dass ein Bürger nun mal ein Bürger war und trug er auch ein noch so teures Wams. Adelige entwickelten z.B. die Mode, ihre Wappen auf ihre Kleidung sticken zu lassen oder die gesamte Kleidung in den Wappenfarben zu halten. Auch unterschieden sich Frisuren und Hauben der adeligen Damen wesentlich von den zumeist einfacheren weißen Hauben der Bürgersfrauen.

Spätestens im Verlauf des 15. Jahrhunderts war das Selbstverständnis des Bürgertums aber so weit gediehen, dass es nicht mehr nur den Adel (der zu dieser Zeit, beeinflusst durch den burgundischen Hof, fantastische Kleiderformen ersann) nachahmte, sondern eigene modische Ausdrucksformen fand. Man wählte zumeist gutes, schweres Tuch in dunkleren, gedeckteren Farben. Die Schnitte waren einfacher und klarer als die „burgundischen" des Adels. Nichtsdestotrotz werden die Töchterlein der reichen Kaufherren Zeter und Mordio geschrieen haben, wenn sie kein Kleid mit Dekolletee und reich verzierten Ärmeln vom Väterchen erhielten, wie es beim Adel Mode war.

Die Mode des burgundischen Adels war sehr stark ritualisiert und stellt die Spätform jeder Art von mittelalterlicher Mode im Europa nördlich der Alpen dar. Ein strenges Reglement ordnete nicht nur die Länge einer Kleiderschleppe abhängig vom gesellschaftlichen Rang der Trägerin, sondern das Kleiderzeremoniell bestimmte auch, wer wem die Schleppe tragen durfte. So mussten Damen des niederen Adels ihre Schleppe selbst tragen, die des höheren Adels durften dies einem Pagen überlassen und nur die Fürstin allein wurde von einer Edelfrau begleitet, welche ihre Schleppe trug. Die festgeschriebenen Regeln reichten so weit, dass selbst die Stoffe und Farben des Schlafzimmers einer Wöchnerin vorgeschrieben waren, natürlich wiederum abhängig von deren Rang innerhalb der Adelsgesellschaft.

Auswirkungen der Pest auf die Mode

Neben der Erstarkung des Bürgertums kennzeichnete ein weiteres, ganz anders geartetes Ereignis das 14. Jahrhundert. Der schwarze Tod, die Pest, wütete in einer der größten Epidemien des Abendlandes von 1347-1351. In manchen Gebieten fielen fast zwei Drittel der Bevölkerung der Seuche zum Opfer.
Die Überlebenden der Katastrophe jedoch waren von einer unbändigen Lebensfreude erfüllt. Einige wandten sich in einer Inbrunst dem Glauben zu, wie sie für uns heute kaum mehr nachvollziehbar ist, während wieder andere, wie der Florentiner Chronist Matteo Villani berichtet, nur noch feiern und tanzen wollten und darüber „infolge des großen Überflusses in allen Dingen ihr gewohntes Handwerk nicht weitertreiben (wollten), wollten sich von den teuersten und leckersten Speisen nähren, verheirateten sich nach ihrem Gutdünken, und die Mägde und käuflichen Damen (kleideten) sich samt und sonders in die schönsten und kostbarsten Gewänder der verstorbenen Damen." Die Welt war aus den Fugen geraten und die Kleider mit.

Mode im Mittelalter

Im Gegensatz zu den Schlupfkleidern der vorangegangenen Jahrhunderte, die über den Kopf gezogen wurden und zumeist nur durch den Gürtel Fasson erhielten, wurde im Späten Mittelalter auf Figur zugeschnitten. Eng sollten die Kleider sein, auch die der Männer, und an den notwendigen Stellen ordentlich gepolstert, sodass man(n) dem Schönheitsideal der Zeit entsprach. Die jungen Männer trugen nun als Obergewand die kurze Schecke, die gerade noch bis zum Beginn des Oberschenkels reichen sollte. Gleichzeitig trug man darunter aber immer noch Beinlinge und keine echten Hosen, sodass zum niedergeschriebenen Entsetzen der Chronisten, wenn man sich bückte, ihre Schamteile zu sehen waren! (Sofern die zu den Beinlingen getragene Unterhose, die Bruche, nicht besonders gut saß oder sehr knapp ausgefallen war...) Ein sittenstrenger Mainzer Chronist drückte es drastisch aus: „Wenn sich jemand bücken muss, so sieht man ihm in den Hintern." Welche Schande!
Den Damen jedoch scheint's gefallen zu haben. Die älteren und etwas gesetzteren Herren trugen aber nach wie vor einen etwas längeren Überrock, obwohl sich auch diese Kleiderform verkürzte und so den darunter getragenen Beinlingen immer mehr Aufmerksamkeit zukam. Es entwickelte sich mit der Zeit die enganliegende Strumpf-

hose, die im ganzen Späten Mittelalter ein prägendes Kleidungsstück der Männermode bleiben sollte.
Im späten 14. und frühen 15. Jahrhundert begann man, die Säume der Kleidung in Zacken-, Zinnen- und Blattform auszuschneiden. Diese aufwändige Verzierung nannte man Zaddelung.
In dieser Zeit entwickelte sich auch das Mi-Parti, das Aufteilen der Kleider in verschiedene Farbbereiche. Anfangs nur in Längsrichtung einmal geteilt, wurden dann vor allem in Italien im späten 15. Jahrhundert gestreifte, gewürfelte oder gerautete Muster daraus, die das Bild der Kleidung belebten und noch bunter werden ließen. Der französisch-lateinische Mischbegriff Mi-Parti bedeutet wörtlich übersetzt „halb geteilt". Vereinzelt findet sich die Teilung der Kleider in große, längs aneinander stoßende Farbflächen bereits im zehnten Jahrhundert. Wirkliche Verbreitung erfährt die Mi-Parti-Mode jedoch erst ab dem 14. Jahrhundert. Dabei wandelt sich die einfache Längsteilung in zwei Farben schnell zu einer Mehrfachteilung, bis schließlich Streifen-, Rhomben- und Rautenmuster entstehen. Das Mi-Parti bleibt bis ins 16. Jahrhundert hinein modern und verschwindet danach nahezu völlig aus der Mode. Nur in der Kleidung der Gaukler und Narren hat sich diese Farbspielerei bis heute erhalten.

Maennermode

Im Verlauf des 15. Jahrhunderts werden die „Trends" des 14. Jahrhunderts weitergeführt. Die Oberkleider der Männermode werden noch kürzer, die Ärmel sind aufwändig gestaltet. Hinzu kommen nun die immer fantastischer werdenden Hut- und Mützenformen. Die überlangen Schuhspitzen des späten 14. Jahrhunderts nehmen gemäßigtere Formen an, bis am Ende des Jahrhunderts nur noch leicht spitz zulaufende Schuhmodelle in Mode sind. In der Männermode entwickeln sich, mit den Kleidersäumen der kurzen Obergewänder korrespondierend, hohe Stulpenstiefel, die als Reitstiefel Verwendung fanden.
Die Länge des Obergewandes eines Mannes hing auch im 15. Jahrhundert von seinem Alter und seiner sozialen Stellung ab. Jüngere Männer bevorzugten die kürzeren, ältere Männer die längeren Formen, um so die zumeist gewichtigere Position innerhalb der Gesellschaft auch optisch zu unterstreichen. Die langen Männergewänder dieser Zeit sind die Houppelande aus Burgund und die Zimarra aus Italien.
Ab der Mitte des Jahrhunderts mäßigten sich die burgundischen Formen unter dem Einfluss der italienischen Frührenaissance, nur um dann im Zuge der durch die Landsknechte inspirierten „Schlitzmode" zu Anfang des 16. Jahrhunderts wieder aufwändiger zu werden.

Frauenmode

Die Frauenkleidung ging im 14. Jahrhundert ähnliche Wege wie die der Männer. Nach den faltenreichen Schlupfgewändern der früheren Epochen wurden die Kleider nun immer körperbetonter und wurden eng auf den Leib geschnürt. Neben der dekorativen Schnürung war in der Männer- wie der Frauenmode der von den Kreuzfahrern aus dem Orient mitgebrachte Knopf der letzte Schrei. So waren die Kleider oft an den Unterseiten der Ärmel oder auch an der gesamten Vorderseite mit Knöpfen versehen. Über den engen Kleidern trug man weitere Überkleider, ärmellos und unter den Armen weit ausgeschnitten, um den Blick auf die zierliche Taille zu ermöglichen.
Auch in der Frauenmode wurde der Kopfbedeckung immer mehr Aufmerksamkeit gewidmet und so entstanden gerade in dieser Zeit eine Unzahl neuer Haubenformen. Die unverheirateten Frauen trugen das Haar offen und künstlich gelockt, bändigten es aber mit Stirnreifen und Kinnbinden. Die verheirateten Frauen hingegen trugen immer mehr geschlossene Hauben oder Hüte.
Mit der aufregenden Erfindung des Dekolletees um die Mitte des Jahrhunderts beginnt man mehr und mehr die Haare aufzustecken und auf Kinnbinden zu verzichten. Der schlanke Hals wird zum Modeideal. Vor allem zu Beginn des 15. Jahrhunderts rasierten die Damen den Haaransatz an Nacken und Stirn aus, um die mehr oder minder grazile Linie dieses Körperteiles zu betonen. Die Haare sind dabei meist gänzlich von Hüten und Hauben bedeckt oder zu Flechtfrisuren aufgesteckt.
Die Kleider des 15. Jahrhunderts liegen am Oberkörper – wenn überhaupt möglich – noch enger an als die des 14. Jahrhunderts, die Taille rutscht optisch nach oben und die Röcke werden noch voluminöser. Die Kleider haben oft schmale Ärmel, die Überkleider dafür um so weitere und aufwändigere, bevor auch hier die schmaleren Formen in Mode kommen und Unterkleider und Kleider oft sogar ärmellos sind, damit die Ärmel des Überkleides recht eng und schmal den Arm umschließen können. Gegen Ende des Jahrhunderts werden auch hier, durch die Vorboten der Landsknechtsmode beeinflusst, die Formen wieder fantastischer und man findet manchmal mehrfach gepuffte, geschlitzte und geschnürte Ärmel an den Kleidern, die denen der kriegserprobten, rauhen Söldner in Form und Volumen nicht nachstehen.

Materialien

Herstellung

Stoff wird aus Fäden hergestellt, indem man längsgerichtete Kettfäden mit den querlaufenden Schussfäden in einem bestimmten Rhythmus verwebt. Man spricht hier von der Bindung des Gewebes. Je nachdem in welcher Abfolge sich hierbei Kett- und Schussfäden berühren spricht man von Leinen-, Köper- oder Atlasbindung. Die Bin-

dung beeinflusst deutlich das Aussehen eines Stoffes. So ergibt z.B. ein Seidenfaden der nach der Leinwandbindung gewebt wurde, ein Taftgewebe, ein Wollfaden nach derselben Bindung wird als Tuch bezeichnet und ein Baumwollfaden als Kattun.

Im Laufe des Mittelalters wurden die Stoffe durch die fortwährend verbesserten Techniken des Handwerks und der Herstellung vieler Güter in Manufakturen allgemein billiger. Zwar blieben aufwändige Brokate und die neu erfundenen Samtstoffe teure Luxusgüter, doch Wolltuche guter Qualität waren nun in niedrigeren Preislagen zu erwerben, sodass auch viele Bauern nicht mehr selbst gesponnen und gewoben haben, sondern die Stoffe fertig erwarben. Das Nähen dagegen besorgten dennoch die Frauen weitestgehend selbst.

Trachten

Im Zuge der Erschwinglichkeit der Stoffe entwickelt sich auch eine typische Bauerntracht. Nicht mehr grobe, einfache Schlupfkleidung, sondern zugeschnittene Gewänder wurden auch im Bauernstand getragen. Der Mann trug Hosen oder weiterhin Beinlinge und einen etwa oberschenkellangen, vorne zu knöpfenden Leibrock und dazu einen Hut. Die Bauersfrau trug nun auch Unterkleid und Kleid, dazu eine Schürze und eine Haube. Ein „modisches" Motiv der Bauerntracht wurde die in den Gürtel gesteckte Schürze, der oft auch Kleid und Rock folgten, da so ein freieres, nicht durch herabhängende Stoffmassen eingeschränktes Arbeiten möglich wurde.

Die Dame von Stand zeigte ihre Füße und Beine hingegen nie. Die Kleider waren so lang, ja bewusst überlang, dass sie zum Laufen zusammengerafft werden mussten. Das dekorative Spiel mit den gebändigten Kleidermassen wurde dabei immer wieder von Künstlern ob seiner Schönheit dargestellt. Nur eine echte Dame trug solcherlei Kleider, denn die enggeschnürten Taillen, die überlangen Röcke und die gewaltigen, schwierig zu balancierenden Hauben und Hüte machten mit Sicherheit eines nahezu unmöglich: Körperliche Arbeit! Aber auch wenn die Kleider arbeitender Frauen diese wesentlich weniger beengten, sie waren dennoch immer zumindest knöchellang, und eine in Mieder und Rock getrennte Tracht kam erst im Laufe des späten 16. Jahrhunderts bei den Bauersfrauen auf.

Vielfalt der Stoffe

Das Mittelalter kannte eine Vielzahl verschiedener Textilien. Die zu Stoffen verarbeiteten Fäden waren, anders als heute, alle entweder pflanzlicher oder tierischer Herkunft. Die Art und Weise jedoch, wie die Fäden nach einem bestimmten Rhythmus versponnen wurden, veränderte sowohl Aussehen wie auch Qualität eines Stoffes und hierin waren die Weber und Tuchhersteller des Mittelalters erfinderisch. Bis ins Hohe Mittelalter waren nahezu alle Stoffarten entwickelt, die wir auch heute noch kennen. Spätere Jahrhunderte hatten dem nur wenig mehr hinzuzufügen, bis in der Zeit der industriellen Revolution die künstlichen Fasern entdeckt wurden.

Leinen

Leinenstoffe, das heißt Stoffe, die aus den Fasern des Flachses hergestellt werden, zählen zu den ältesten Gewebearten. Bereits seit der Bronzezeit lassen sich Gewebe pflanzlicher Herkunft nachweisen. Leinen wurde zwar in großen Mengen hergestellt, verschwand aber im Frühen Mittelalter, bereits zur Zeit der Karolinger, nahezu völlig aus der Oberbekleidung. Leinen in der Kleidung fand lediglich für Hemden und Unterkleidung Verwendung. Für die sichtbaren Kleidungsstücke war Wolle das maßgebliche Material.

Wolle

Im Gegensatz zu früheren Epochen, die neben der Schafwolle auch die Haare anderer Tierarten, z.B. der von Ziegen, zur Kleiderherstellung verwendeten, kannte das Mittelalter diese Vielfalt praktisch nicht mehr. Schafwolle, darunter die besonders begehrte und berühmte englische, war zum wichtigsten Kleiderrohstoff geworden. Die kostbarsten Tuche hingegen wurden auf dem europäischen Festland vor allem in Flandern hergestellt.

Seide

Seide, die Königin der Kleiderstoffe, war zu allen Zeiten ein gefragtes und kostbares Material. Das Geheimnis der Seidenherstellung stammt ursprünglich aus China. Das Reich der Mitte hütete es viele Jahrhunderte lang wie ein modernes Industriegeheimnis bis es, einer Legende nach, byzantinischen Mönchen Mitte des 6. Jahrhunderts gelang, ein paar Seidenraupen sowie den Samen der Maulbeerbäume, auf denen die Raupen lebten, nach Byzanz zu schmuggeln. Erst mit dem Niedergang des byzantinischen Reiches und der Emigration vieler seiner führenden Köpfe nach Italien, begann man im 14. Jahrhundert auch in Italien Seidenstoffe zu weben und zu vertreiben.

Reine Seidenstoffe dürften für Obergewänder jedoch nur selten verwendet worden sein, da das Gewebe keine großen Belastungen aushält. Mischgewebe, in die Seidenfäden eingewebt waren, wie z.B. Seidenbrokate, waren dagegen widerstandsfähiger und robuster, blieben aber nichtsdestotrotz ein nur für Reiche erschwinglicher Luxus.

Brokat

Brokate, d.h. Stoffe bei denen durch das aufwändige Verweben verschiedenfarbiger Fäden im Stoff ein Muster entsteht, waren vor allem im späten Mittelalter ausgesprochen beliebt. Diese Stoffe blieben jedoch auch nach der Verbesserung der Herstellungsverfahren aller Stoffarten in den Manufakturen ähnlich teuer wie reine Seiden- oder Seidenmischgewebe.

Samt

Die Herstellung von Samtstoffen war eine aufsehenerregende Neuerung. Seit dem 13. Jahrhundert wurden diese Stoffe in Italien hergestellt. Bei dieser Stoffart werden zwischen Kett- und Schussfäden kleine Schlingen sehr feiner Fäden in Schlaufen hochgezogen. Durch das Aufschneiden dieser Schlaufen entsteht die typische Oberflächenstruktur dieses Stoffes. Seit seiner Erfindung war der Samtstoff neben schweren Wolltuchen eines der beliebtesten Materialien für Obergewänder, sowohl der Frauen- wie auch der Männerkleidung.

Leder und Rauchwaren

Pelze und Leder spielen im Mittelalter eine eher untergeordnete Rolle für die Kostümkunde. Leder wird für Schuhe und Gürtel verwendet, Pelz in den allermeisten Fällen nur als Besatz an Kleidersäumen oder als Futter. Schuhe waren dabei auch nicht immer aus Leder. Frauenschuhe, vor allem die der feineren Damen, waren in vielen Fällen aus denselben Materialien wie das Kleid und hatten, wenn überhaupt, lediglich eine Sohle aus Leder. Die Herren trugen Beinlinge oder Strumpfhosen, deren Füßlinge ebenfalls aus Stoff gearbeitet waren.
Innerhalb des Hauses trug man unter diesen Stoffschuhen eine Art Schlupfsandale aus Leder; verließ man das Haus, trug man Trippen, Holzschuhe, unter den feinen Stoffschuhen. Je nachdem, wie viel Zeit man außerhalb des Hauses verbringen musste und zu welchem Zweck, wird auch der mittelalterliche Mensch Lederschuhe vorgezogen haben, aber die feine Gesellschaft umging dies wenn möglich.

Schnittmustererstellung

Um mittelalterliche Kleidung nachzuschneidern, muss man kein gelernter Schneider sein. Die Kleider waren entweder übergroß geschnittene Schlupfkleider und wurden erst durch entsprechende Gürtel in Halt und Form gebracht oder enganliegend durch Schnürungen der Körperform angepasst. Aus diesem Grund muss ein Zuschnitt nicht so hundertprozentig exakt angefertigt werden wie bei heutigen Kleiderformen.

Herstellung

Mit einer relativ simplen Form der Schnittmustererstellung kann man viele (historische) Gewänder nachschneidern. Zunächst muss man dazu die eigenen Körpermaße abnehmen. In den beiden linken Abbildungen unten ist angegeben, welche Maße man nehmen muss, um ein Schnittmuster zu erstellen. Wenn man dann die Werte in eine einfache Zeichnung überträgt (rechts), erspart man sich für weitere Schneiderarbeiten ein erneutes Nachmessen.

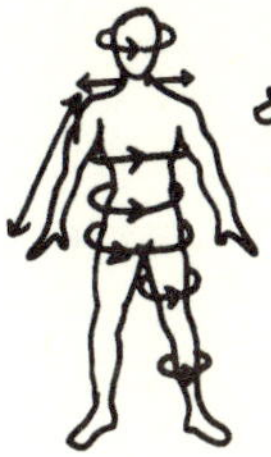
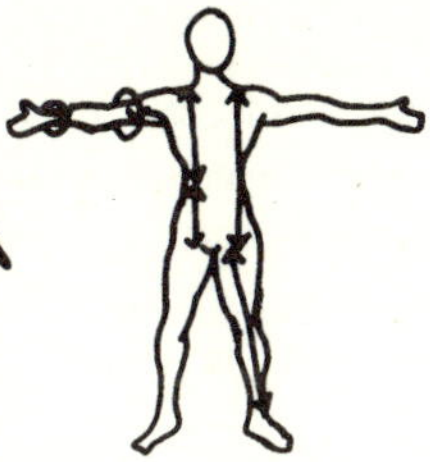
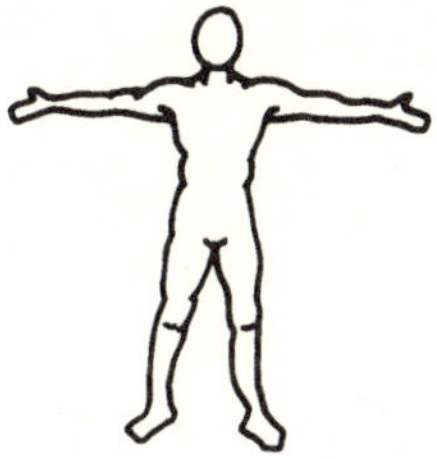
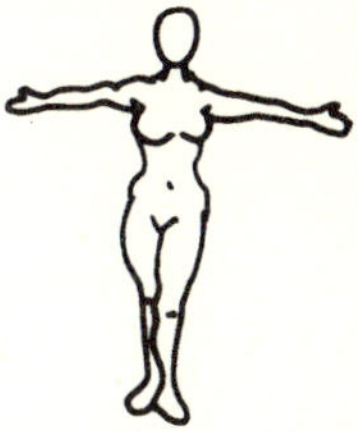

Überträgt man nun die eigenen Maße auf die relativ einfach gehaltenen Strichzeichnungen der Gewandschnitte, sollte man überall nicht nur mindestens einen Zentimeter an Saumzugabe einrechnen, sondern möglichst auch einen weiteren Zentimeter zur Sicherheit. Es ist wesentlich leichter, ein etwas zu weit geratenes Kleidungsstück enger zu nähen, als ein zu enges durch das Einsetzen von Stoffkeilen wieder zu erweitern.
Schnittmuster kann man in beliebiger Zahl selbst herstellen, wenn man sich historische Zeichnungen oder Bilder betrachtet und mit etwas Abstraktionsvermögen deren Schnitt nachzeichnet. Die hier angebotenen Schnitte sollten lediglich als Grundformen angesehen werden, auf deren Basis den Variationsmöglichkeiten keine Grenzen gesetzt sind.

Abnaeher

Ausschnitte und Brustabnäher sind kleinere Klippen in der Schneiderei, die man jedoch mit etwas Erfahrung leicht umschifft. Ein Ausschnitt erhält eine saubere Kante, wenn man ein exaktes Doppel aus Stoff als etwa 5 cm breiten Streifen herstellt, dieses außen auf die später sichtbare Seite des Gewandes legt und mit dem Ausschnitt vernäht. Schlägt man diesen Stoffstreifen dann nach innen um, hat man eine saubere Kante entlang des Ausschnittes.

Brustabnäher erhält man, indem man das Vorderteil eines Kleidungsstückes um die Zentimeter länger – im Vergleich zum Rückenteil – zuschneidet, die es benötigt, um über der Brust nicht zu spannen. An den Seiten, unter den Armen, erkennt man, um wie viele Zentimeter dieses Stück länger ist als das „gerade" Rückenteil. Diese Zentimeter Längenunterschied bilden die Basis des Dreieckes, das man nun aus dem Vorderteil, beginnend unter den Armen, herausschneidet. Vernäht man beide Dreieckslängsseiten, bildet sich eine Art „Tütchen" im Vorderteil, welches später der Brust Raum bietet.

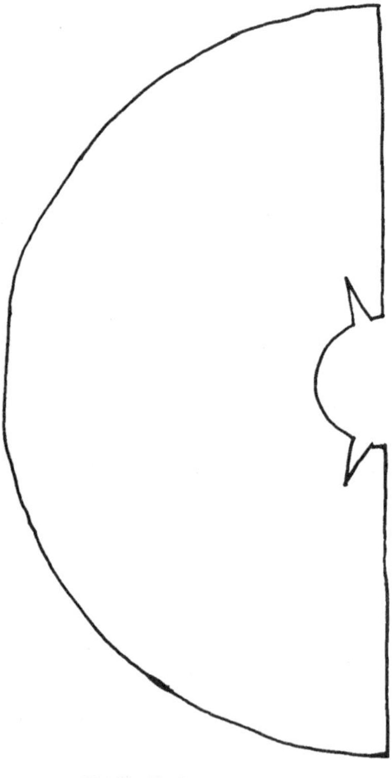

Maentel

Im frühen Mittelalter bevorzugte man als Mantel sehr große „Tücher", die, von Spangen (Fibeln) gehalten, kunstvoll um den Körper gelegt wurden. Im 13. Jahrhundert hatte aber ein halbkreisförmiger Manteltyp dieses Manteltuch abgelöst und wurde von beiden Geschlechtern getragen.

Der Radius des Mantels sollte der Länge vom Halsansatz bis zur Mitte der Wade seines späteren Trägers entsprechen. Die kleinen Einschnitte auf der Schulter werden vernäht und gewährleisten einen besseren Sitz. Je nachdem, ob der Mantel von einer großen Spange oder von zwei durch ein Band verbundenen Spangen geschlossen wurde, trägt er den Namen Nuschen- oder Tasselmantel.

Gugel

Zum Mantel wird in vielen Fällen die Gugel, eine Art separate Kapuze mit Kragen, getragen. Die Gugel ist eines der wenigen Kleidungsstücke, welches aus der Bauernkleidung stammt und in die

Mode des Adels übernommen wurde. Gugeln wurden auch ohne Mantel zu allen Oberbekleidungstücken getragen. Ihrer Verzierung sind dabei kaum Grenzen gesetzt. Der untere Rand kann gezaddelt werden und der Schwanz ungeahnte Längen erreichen. Das hier angegebene Schnittmuster muss zweimal aus Stoff ausgeschnitten werden. Unvernäht bleiben nur der untere Abschluss und die Gesichtsöffnung. Beide Öffnungen sollten aber gründlich umnäht werden, damit sie nicht ausfransen. Die Weite des sich verengenden Halsteiles muss so gewählt werden, dass die Gugel über den Kopf gezogen werden kann.

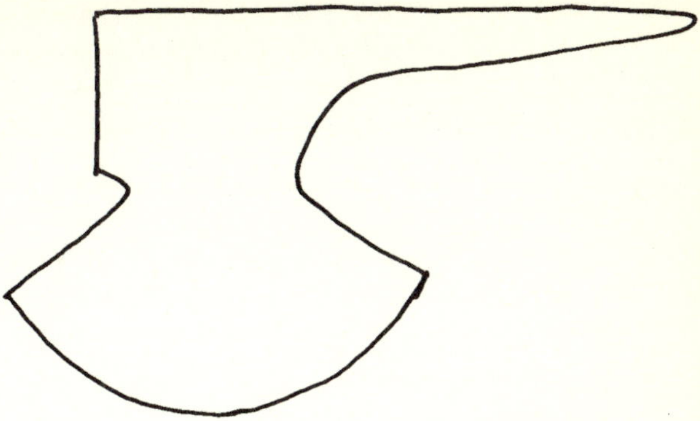

Beinlinge

Der Schnitt zu den Beinlingen kann vom frühen Mittelalter bis zum späten einheitlich verwendet werden. Erst mit den immer kürzer werdenden Oberkleidern nehmen die Beinlinge die Form einer Hose an, d.h. sie werden an Gesäß und Schritt durch das Einsetzen weiterer Stoffteile geschlossen. Ein Beinling besteht aus zwei nahezu identischen Teilen. Lediglich die Außenseite reicht höher über die Hüfte hinauf, als die im Schritt endende Innenseite, da sie am Obergewand angenestelt (d.h. mit Schnüren verbunden) war.

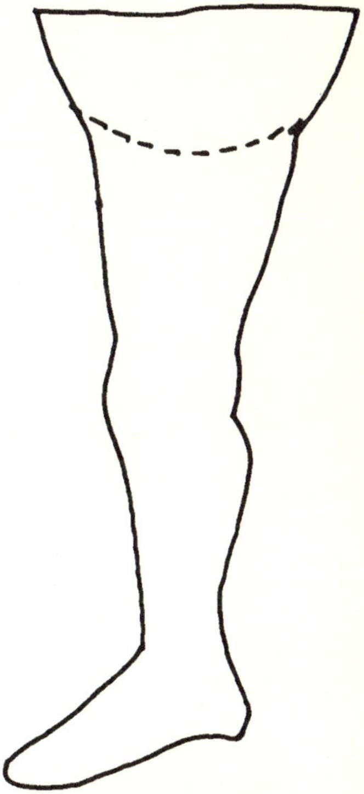

Schecke

Ein typisches Oberteil der Männermode des 14. Jahrhunderts ist die Schecke, eine enganliegende, auf ihrer Vorderseite durch eine dekorative Knopfleiste zu schließende Jacke. Die Schecke sollte möglichst eng sitzen und in ihrer ganzen Länge höchstens bis zum Ansatz des Oberschenkels reichen (siehe nächste Seite).

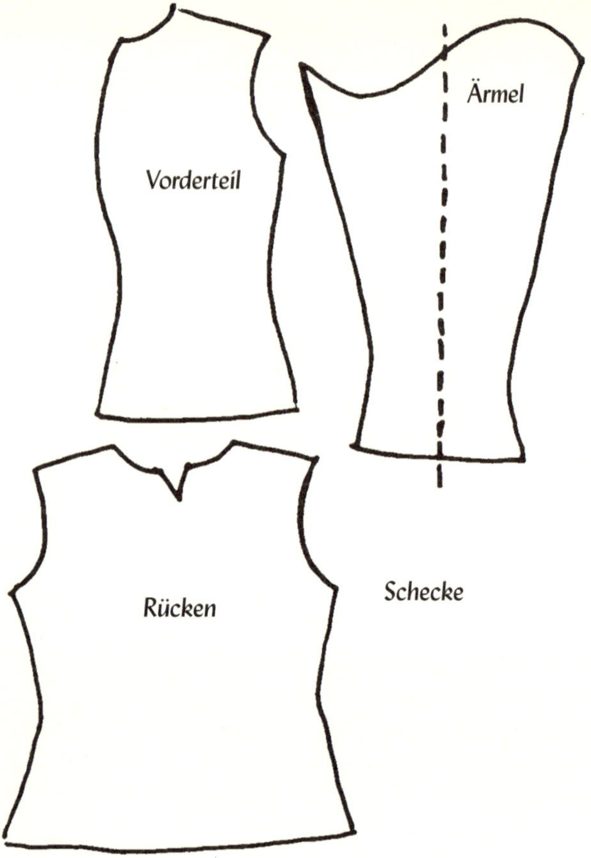

Houppelande

Die Houppelande war ein Kleidungsstück, das aus der burgundischen Mode des Spätmittelalters stammt. Sie wurde von beiden Geschlechtern getragen, wobei die Frauen-Houppelande im Oberkörperbereich enger und mit größerem Ausschnitt zugeschnitten wurde. Die Houppelande war ein Übergewand, welches noch über der Oberbekleidung getragen wurde. Zumeist bestand sie aus kostbaren Stoffen und gehörte zu den repräsentativen Kleidungsstücken. Frauen rafften sie unterhalb der Brust durch Gürtel, Männer trugen sie in vielen Fällen auch ungegürtet.
Der Ärmel der Houppelande besteht aus zwei Teilen. Das obere kann an seiner Oberkante wesentlich weiter als eigentlich benötigt zugeschnitten werden. Legt man es dann in Falten, bauscht sich der Ärmel dekorativ auf.

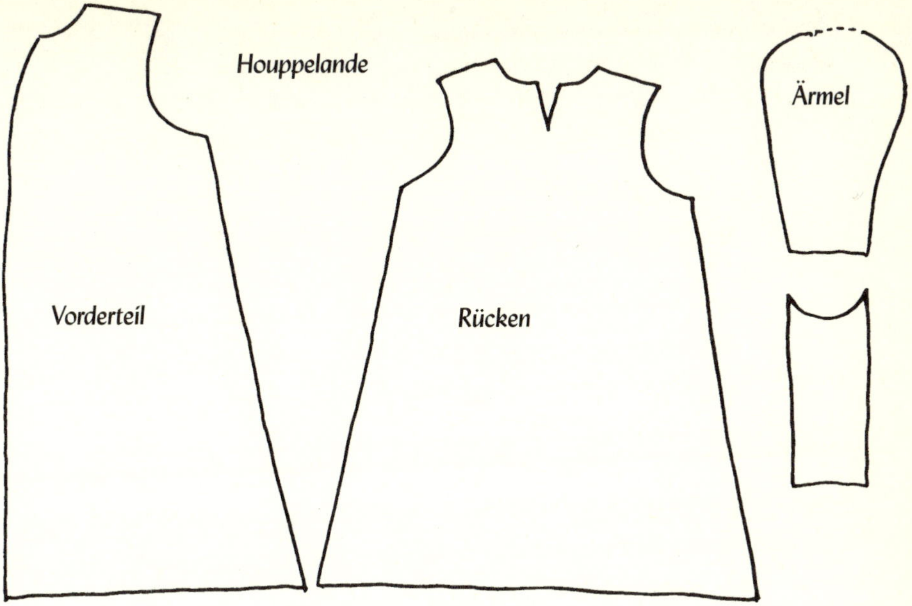

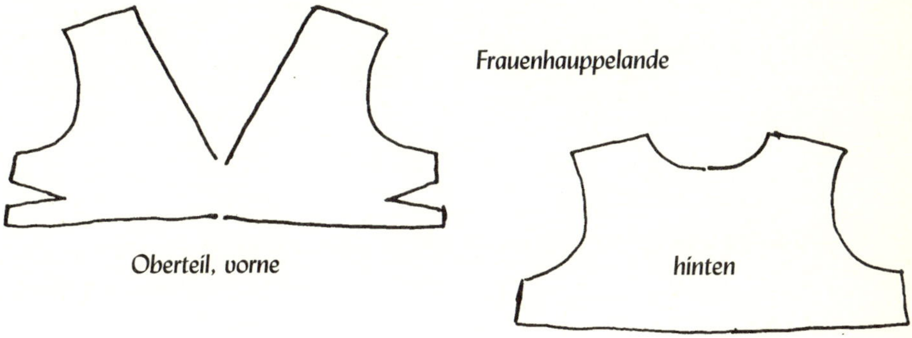

Wams

Das Wams ist eigentlich ein Kleidungsstück des Spätmittelalters. Zunächst nur als Untergewand unter den auffälligen Überkleidern getragen, entwickelte es sich – vor allem durch die Mode der italienischen Frührenaissance – zu einem autonomen Kleidungsstück, das in dieser Form besonders von jungen Männern bevorzugt wurde. Das Wams saß sehr eng und knapp und endete in vielen Fällen sogar noch oberhalb der Taille. Darunter trug man ein pluderiges Hemd, das sich aus dem Abstand zwischen Wams und Hosenbund pufften. Die Hose wurde am Wams angenestelt.

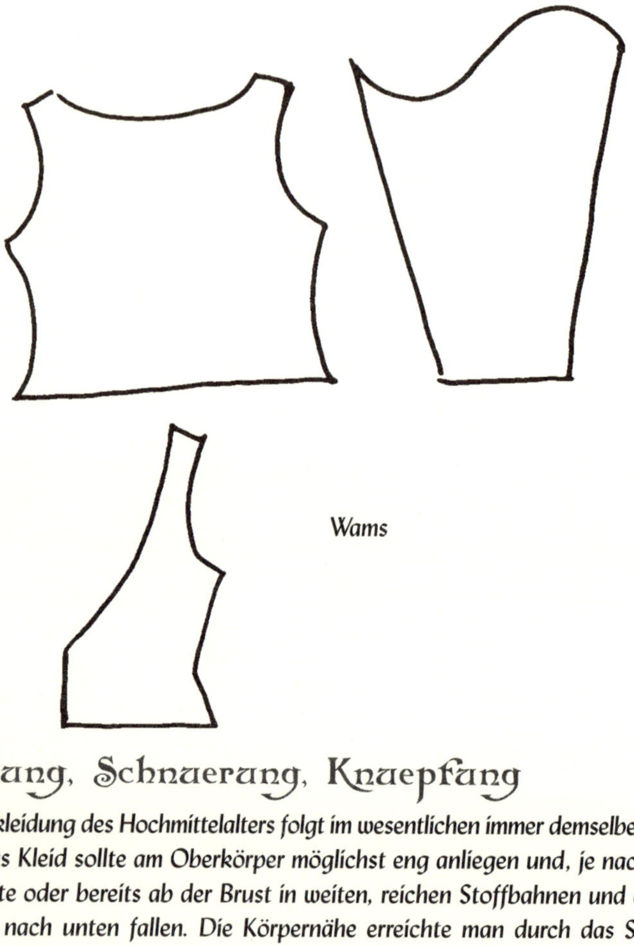

Wams

Faeltelung, Schnuerung, Knuepfung

Die Frauenkleidung des Hochmittelalters folgt im wesentlichen immer demselben Grundschnitt. Das Kleid sollte am Oberkörper möglichst eng anliegen und, je nach Mode, ab der Hüfte oder bereits ab der Brust in weiten, reichen Stoffbahnen und dekorativen Falten nach unten fallen. Die Körpernähe erreichte man durch das Schnüren, wobei die Schnürung entweder am Rücken oder an den Seiten unter den Armen angebracht war. Nur selten findet sich der Verschluss an den Frontseite. Erst als – durch die Männermode beeinflusst – lange Knopfleisten gern gesehen wurden, finden sich auch Kleider, die von der Hüfte bis zum Halsansatz vorne geknöpft werden. Über diesen Kotta genannten Kleidern trägt man nahezu immer weite Überkleider.

Oft ist das Kleid eng geschnürt, das Überkleid hingegen weit fallend. Weit verbreitete Formen von Überkleidern sind die Zucchenie (14. Jahrhundert) oder die Houppelande (15. Jahrhundert). Im 14. Jahrhundert hat das Kleid oft vielfältige und auffällige Ärmel, das Überkleid hingegen oft gar keine. Im folgenden 15. Jahrhundert, mit seinem immer stärker werdenden Repräsentationsbedürfnis, ging man dagegen dazu über, das Überkleid mit Prunkärmeln zu versehen, während Kleider und Unterkleider oft ärmellos gehalten wurden. Die Ausschnittformen waren sehr unterschiedlich und reichten von hochgeschlossen bis tief, von rund über eckig bis dreieckig. Die Ärmel konnten schmal und enganliegend sein, aber auch in ungeahnter Stofffülle zu reichen Schleppenärmeln ausfallen. Die burgundische Mode geht mehr und mehr dazu über, das Brustteil und die anschließenden Rockbahnen getrennt zuzuschneiden, da das eine möglichst klein und eng sein soll, das andere möglichst weit und faltenreich. In einen Rock konnten bis zu 5 Bahnen Stoff eingesetzt sein, d.h. dass je nach Bahnbreite der Durchmesser eines Rockes am Ende gut 10 Meter betragen konnte.

Schnitte für
Frauenkleider

Literaturliste

Die im folgenden angegebene Literatur soll es dem Leser ermöglichen, die in diesem Buch gemachten Angaben noch einmal nachzulesen und einzelne Themen zu vertiefen.
Durch die den Literaturangaben beigegebenen Kommentare, die subjektiv die Meinung der Autorin wiedergeben, soll es dem geneigten Leser ebenfalls ermöglicht werden, den rechten Einstieg in die vielfältige Literatur zum europäischen Mittelalter zu finden und nicht – durch ein trockenes Fachbuch verschreckt – sogleich wieder das Handtuch zu werfen.
Die Kapitel dieses Buches bieten eine kurze Einführung; die Autorin lädt jeden Leser ein, sie anhand der aufgeführten Bücher noch wesentlich länger bei der aufregenden Reise durch das Mittelalter zu begleiten.

Kleine Kulturgeschichte des Mittelalters

Althoff, Gerd (Hrsg.):
Die Deutschen und ihr Mittelalter, Darmstadt 1992
> *Sehr wissenschaftlich orientierte Aufsatzsammlung.*

Aries, Philippe:
Geschichte der Kindheit, München 1978
> *In seiner Darstellung nicht allein auf das Mittelalter beschränkt, bietet das Buch interessanten, wenn auch manchmal recht wissenschaftlich trockenen, Lesestoff.*

Borst, Arno:
Lebensformen im Mittelalter, Berlin 1973
> *Arno Borst ist einer der bekanntesten Mittelalterforscher und schreibt meistens gut verständlich, obwohl diese Taschenbuchausgabe ohne Bilder einiges an Durchhaltevermögen vom Leser fordert.*

Borst, Arno:
Barbaren, Ketzer und Artisten. Welten des Mittelalters, Zürich 1988
> *Eine gut zu lesende Aufsatzsammlung.*

Brunner, Karl/ Daim, Falko:
Ritter, Knappen, Edelfrauen, Wien/Köln/Graz 1981
> *Gut zu lesen und mit reichlich Bildmaterial versehen. Eine sehr umfassende Darstellung der Entstehung des Rittertums und der Gesellschaft des Mittelalters. Fundiert, ohne zu abgehoben fachspezifisch zu wirken.*

Brunner Karl/ Jaritz, Gerhard:

Landherr, Bauer, Ackerknecht, Wien/Köln/Graz 1985

Ziemlich ausführliche Darstellung des Themas, gut verständlich geschrieben und mit reichlich mittelhochdeutschen Zitaten gespickt. Das wird einige Leser erfreuen, anderen auf die Nerven gehen. Das Buch ist reich bebildert und sehr anschaulich.

Bumke, Joachim:
Höfische Kultur – Literatur und Gesellschaft im hohen Mittelalter, 2 Bde., München 1986

Eines der Standardwerke zum Thema, allerdings sehr trocken und wissenschaftlich.

Carmichael, Ann/ Ratzan, Richard (Hrsg.):
Medizin in Literatur und Kunst, Köln 1994 (deutsche Ausgabe)

Eine Sammlung zeitgenössischer Texte zur Medizin von der Antike bis in unser Jahrhundert. Ausgesprochen reich bebildert, informativ und spannend zu lesen.

Corbishley, Mike:
Das Buch vom Europäischen Mittelalter, Würzburg 1991

Kinderbuch, nichtsdestotrotz sehr umfangreich und in weiten Teilen für den Neueinsteiger in die Materie der Mediavistik besser verständlich als entsprechende Fachpublikationen.

Deneke, Bernward:
Hochzeit, München 1971

Eine kulturgeschichtliche Darstellung von Hochzeitsbrauchtum und gesetzlichen Konsequenzen der Eheschließung von den Germanen bis ins 19. Jahrhundert. Anschaulich, lustig und informativ. Bringt außer Bildung noch so manche Idee für die eigene Eheschließung!

Ennen, Edith:
Frauen im Mittelalter, 4. überarbeitete und erweiterte Auflage, München 1991

Das Standardwerk zum Thema und dabei noch gut und vergnüglich zu lesen.

Eyb, Albrecht von:
Ob einem Manne sey zu nemen ein ehelichs Weyb oder nicht, Hrsg. von Helmut Weinacht, Darmstadt 1993

Faksimiledruck des Originales von 1472 mit erläuterndem Anhang. Herrlich zu lesen und eine sprudelnde Quelle für jeden kulturhistorisch Interessierten!

Fuchs, Eduard:
Illustrierte Sittengeschichte in sechs Bänden. Ausgewählt und eingeleitet von Thomas Huonker, Frankfurt a.M. 1985

Die Erstausgabe erschien 1909-1912 und war damals, unter anderem wegen der Darstellung der Sexualität in den verschiedenen Jahrhunderten, recht umstritten. Die Texte sind eher durch den Geschmack des Autors gefärbt als trocken und wissenschaftlich. Das Buch (die Bücher) sind amüsant und unterhaltsam zu lesen und bieten ein reiches Bildmaterial und die eine oder andere Perle zu ganz unerwarteten Themen!

Götz, Hans-Werner (Hrsg.):
Weibliche Lebenshaltung im frühen Mittelalter, Köln/Weimar/Wien 1991

Aufsatzsammlung zu Lebenswelten der Frauen im Frühen Mittelalter. Sehr wissenschaftlich und nicht allzu einfach zu lesen, dennoch sehr informativ.

Macaulay, David:
Sie bauten eine Kathedrale, Zürich/München 1974

Kinderbuch, doch so detailliert und anschaulich zur Baukunst des Mittelalters, dass das Buch in Literaturlisten zu kunstgeschichtlichen Vorlesungen empfohlen wird!

Macaulay, David:
Es stand einst eine Burg, Zürich München 1978

Siehe oben!

Neubecker, Ottfried:
Heraldik. Wappen – Ihr Ursprung, Sinn und Wert, Luzern 1990

Ein Buch zur Geschichte der Heraldik. Reich bebildert und informativ zu Wappenfarben und Zeichen. Nicht unbedingt spannend, aber gut zu lesen.

O'Neil, Richard:
Die Welt im Mittelalter, Von der Völkerwanderung bis zur Entdeckung Amerikas, Rastatt 1992

Ein Kinderbuch. Besonders interessant, da nicht nur Einblicke in das europäische Mittelalter geboten werden, sondern auch historische Fakten über China oder die arabischen Länder. Ausgestattet mit Zeittafeln und vielen Illustrationen. Sehr empfehlenswert!

Pernoud, Regine:
Christine de Pizan, München 1990.

Die Lebensgeschichte einer der ungewöhnlichsten Frauengestalten des Mittelalters. Spannend!

Reitzenstein, Alexander Freiherr von:
Rittertum und Ritterschaft, München 1972

Gut zu lesen und reich bebildert, doch in der Thematik sehr eng gefasst.

Thalhofer, Franz Xaver:
Unterricht und Bildung im Mittelalter, München 1928

Wegen des Erscheinungsdatums nur noch in Bibliotheken zu finden. Lohnt die Mühe des Suchens aber, da es sich um ein nettes kleines Buch handelt. Informativ und gut verständlich.

Toman, Rolf (Hrsg.):
Das hohe Mittelalter – Besichtigung einer fernen Zeit, Köln 1988

Recht detailliert und dennoch für ein breites Lesepublikum angelegt. Einzelne Aufsätze, z.B. zur Ständegesellschaft, zur Kunst oder auch der wirtschaftlichen Entwicklung.

Yapp, Nick:
Lebensalltag im Mittelalter. Reisen in die Vergangenheit, Deutsche Ausgabe Stuttgart/ Zürich/ Wien 1994

Ein Bilderbuch für Erwachsene. Ansprechend dargestellt und gut verständlich geschrieben. Reichlich Information auf engstem Raum.

Die Schrift im Mittelalter

Blum, Wilhelm/ List, Claudia:
Buchkunst des Mittelalters, Stuttgart/Zürich 1994

Ein Buch mit fundiertem wissenschaftlichem Hintergrund und dennoch sehr gut zu lesen. Der Inhalt des Buches setzt sich nicht nur mit rein kunsthistorischen Aspekten auseinander, sondern bietet auch Einblicke in die Techniken der Künstler, deren Herkunft und Lebensalltag.

Höffler-Preißmann, Klaus:
Schreiben wie im Mittelalter, Initialen und Schmuckrahmen – Ein Lehrbuch mit Vorlagen, Augsburg 1992

Der Titel ist Programm!.

Trost, Vera:
Scriptorium, Die Buchherstellung im Mittelalter, Stuttgart 1991

Ein ungewöhnliches Buch in Layout und Aufmachung. Widmet sich weniger den kunsthistorischen, als vielmehr restauratorischen und technischen Einzelheiten. Für jeden, der sich für Kalligraphie und Buchherstellung interessiert, sehr empfehlenswert.

Das mittelalterliche Bild

LCI: Lexikon der christlichen Ikonografie, Sonderausgabe in acht Bänden, Rom/ Freiburg/Basel/Wien 1994

Reines Fachbuch und nicht für jedermann interessant. Wer sich jedoch für Heiligenlegenden und deren Darstellung in der Kunst interessiert, wird hier immer fündig werden!

Die Musik

Dickreiter, Michael:
Musikinstrumente, München/Kassel/Basel/New York 1987

Historische und moderne Instrumente gut erläutert, dazu die Beschreibung der Klangfarben und kleinere Abrisse zur Geschichte der Instrumente. Gut zu lesen!

Geiringer, Karl:
Instrumente in der Musik des Abendlandes, München 1982

Gute Darstellung der Entdeckung und Entwicklung von Musik und Musikinstrumenten vom Altertum bis zur Gegenwart. Umfassendes Kapitel zur Musik des Mittelalters. Ausreichend bebildert.

Goldschmidt, Aenne:
Handbuch des deutschen Volkstanzes (3 Bde.), 3. Auflage Wilhelmshafen/Locarno/Amsterdam 1978

Schildert ausführlich alle bekannten modernen deutschen Volkstanzformen mit exakten Schrittbeschreibungen unterstützt durch Zeichnungen. Es werden auch immer wieder kleinere Exkurse in die Geschichte des Volkstanzes unternommen, dennoch bietet sich hier mehr ein Fundus an Formen und Tanzschritten als geschichtliche Information. Teilweise etwas kompliziert nachzuvollziehende Beschreibungen, aber als Unterstützung zur Rekonstruktion eines Tanzes sehr empfehlenswert.

Klusen, Ernst:
Volkslieder aus 500 Jahren, Frankfurt a.M. 1978

Eine gute Sammlung deutscher Volkslieder aus mehreren Jahrhunderten. Nach Epochen gegliedert und ins mehr oder weniger Neuhochdeutsche transferiert. Leider werden zu den Texten keine weiteren Angaben gemacht, weder Herkunftsland noch Jahreszahlen werden mitgeteilt, was für den musikgeschichtlich Interessierten bedauerlich ist.

Kraus, Egon/ Oberborbeck, Felix:
Musik in der Schule, Band II, Wolfenbüttel (ohne Jahrgang)

Unterrichtswerk zu den verschiedenen Musikepochen mit einer reichen Auswahl an mittelalterlichen Liedern.

Oetke, Herbert:
Der deutsche Volkstanz (2 Bde.), Berlin 1983

Umfangreiche und ausführliche Schilderung der deutschen Tanzformen vom Altertum hergeleitet bis in unsere Zeit. Anbei immer vielfältige Informationen zum Mittelalter. Leider werden selten die angesprochenen Tänze ausführlich in einzelnen Formen geschildert und die Musikbeispiele im zweiten Band geben immer nur die erste Strophe eines Liedes an.

Robertson, Alec/ Stevens, Denis:
Geschichte der Musik, Bd. I – Die Hochkulturen des Ostens, das Altertum, das Mittelalter, München 1990

Ausgesprochen ausführlich und teilweise auch sehr fachspezifisch zur Entwicklung der Musik. Das Teilgebiet, das sich mit der Musik des Mittelalters beschäftigt, lässt kaum Fragen offen. Jedoch ist das Buch eher für wissenschaftlich Interessierte geeignet, die bereits einige Vorkenntnisse in der Musik besitzen, als für Neueinsteiger in die Materie.

Sell, Rüdiger:
Töne, Rhythmus, Instrumente, Berlin 1987

Kinderbuch. Bietet jedoch gerade für den Laien eine sehr gute und leicht verständliche Einführung in die Musikwissenschaft, erläutert Tonhöhen und -längen, Tonlagen, Instrumente etc.

Essen im Mittelalter

Acton, Bryan/ Duncan, Peter:
Making Mead, Hempstead, England 1985

Eine Geschichte des Mets und der Metherstellung von der Antike an bis zu modernsten Herstellungsmethoden mit reichlich Rezepten und Bildern.

Bitsch, Irmgard/ Ehlert, Trude/ Ertzdorff, Xenja von:
Essen und Trinken in Mittelalter und Neuzeit, Sigmaringen 1987

Kein Kochbuch, sondern eine Aufsatzsammlung zu Themen wie „Dichtung als Unterhaltung während des Mahles“, „In Teufels Küche“ (Mittelalterliche „Gekocht werden“-Darstellung). Sehr interessant für Liebhaber tiefergehender „Küchenforschung“, als „Nebenbei“-Lektüre jedoch weniger geeignet.

Born, Wina:
Eten door de Eeuwen – De Geschiedenis van de culinaire Cultur, Baarn 1989

Leider ist der Autorin keine deutsche Ausgabe dieses Buches bekannt. Eine hervorragende Geschichte der Entwicklung des Essen von den Anfängen der Menschheit an. Wer des Niederländischen mächtig ist, sollte es unbedingt lesen!

Mielke, Thomas (Hrsg.):
Karl der Große – Mein Kräuterbüchlein, München 1992

Eine auf historischer Basis fußende Zusammenstellung von Heilkräutern und deren Anwendung. Mit einem einleitenden Teil zu Leben und Wirken Karl des

Großen im Zusammenhang mit Landwirtschaft und Heilkunde.
Zotter, Hans:
Das Buch vom gesunden Leben, Graz 1988
Faksimile-Ausgabe eines im Mittelalter sehr bekannten und beliebten Kräuter- und Heilkundebuches mit erläuterndem Anhang. Reich bebildert, aber eher für Bücher-Sammler ein Schatz denn als Wissensfundgrube für interessierte Leser geeignet.

Rezepte

Berriedale-Johnson, Michelle:
The British Museum Cookbook, London 1987
Ein durch die Ausstellungsräume des britischen Museums angeregtes Kochbuch. Es hält, was der Titel verspricht: eine ausgefallene und absolut ungewöhnliche Reise durch die Kochgewohnheiten vergangener Epochen. Neben den Küchengeheimnissen der alten Perser oder Ägypter finden wir auch die Vorlieben des viktorianischen Englands oder die Spezialitäten der Renaissance-Küchenmeister. Das kleine aber feine Kapitel zum Mittelalter bietet ungewöhnliche englische Gerichte aus dem Mittelalter mitsamt herrlich trokkenen britischen Kommentaren. Für alle Kochfans ein echtes Muss!
Ehlert, Trude:
Das Kochbuch des Mittelalters. Rezepte aus alter Zeit., Zürich und München 1990
Ein sehr aufwändig und kostbar gestaltetes Kochbuch mit vielen Rezepten, die zusätzlich erläutert werden, um auch einen geschichtlichen Rahmen zu bieten. Eine ausführliche Einleitung mit Wissenswertem zur Küche des Mittelalters.
Fahrenkamp, H. Jürgen:
Wie man eyn teutsches Mannsbild bey Kräfften hält, Kissingen 1986
Eins der bekanntesten Kochbücher mit mittelalterlichen Rezepten. Zu den verschiedenen Gerichten werden kleine Einleitungen geboten und auch die einzelnen Kapitel werden kurz in den historischen Zusammenhang gestellt. Für Einsteiger in das kochende Mittelalter eine preiswerte und gute Anfangslektüre.
Maier, Robert (Hrsg.):
Das römische Kochbuch des Apicius. Zweisprachige Ausgabe, Stuttgart 1991
Nicht unbedingt für das Mittelalter wichtig, aber dennoch für Kochfreunde empfehlenswert. Die Rezepte sind unserem Gaumen oft sehr fremd und ungewöhnlich. Geschichte des Kochens in ansprechender und anregender Form!

Redon, Odile/ Sabban, Francoise/ Serventi, Silvano:
Die Kochkunst des Mittelalters, Frankfurt a.M. 1993.

Eines der umfangreichsten und historisch fundiertesten Bücher zum Thema der mittelalterlichen Küche. Nicht allein eine umfangreiche Einleitung zu Essgewohnheiten, landwirtschaftlichen Entwicklungen und Tischsitten, sondern die von ihnen vorgestellten Rezepte werden zunächst im Originalrezept abgedruckt, ausführlich im historische Kontext erläutert und schließlich in ein „modernes" Rezept umgewandelt. Die 150(!) Rezepte, zum Teil hier in diesem Buch noch einmal wiedergegeben, sind auch für Kochanfänger nachzukochen und durch eine reiche Bebilderung mit original Küchen- und Festszenen des Mittelalters anschaulich gemacht.

Spiele des Mittelalters

Burgkmair, Hans:
Das Turnierbuch, Faksimileausgabe mit einem Nachwort von Reinhard Bentmann, Dortmund 1978

Schön anzusehen und als Bildmaterialsammlung mehr als geeignet.

Endrei, Walter:
Spiele und Unterhaltung im alten Europa, Hanau 1988

Umfangreich und ausführlich, unterhaltsam und anregend! Ein fantastisches Buch, das nicht allein den Wissensdurst über den Zeitvertreib unserer Vorväter stillt, sondern auch zum Nachmachen ermuntert.

Kass, Janos/ Lukacsy, Andras:
Pieter Breughel d.Ä. – Die Kinderspiele, Hanau 1981

Ein Kinderbuch, das anhand des Bildes „Die Kinderspiele" von Pieter Breughel d.Ä. Spielzeug und Spielgewohnheiten früherer Kindergenerationen erklärt. Sehr anschaulich und natürlich gut verständlich, auch für Erwachsene!

Wilckens, Leonie von:
Spiel, Spiele, Kinderspiel, Austellungskatalog des Germanischen Nationalmuseums, Nürnberg 1985

Interessante Sammlung verschiedener Spielwaren und Spiele. Mittelalterliches wird aufgrund der bekanntermaßen seltenen Erhaltung wenig geboten, dennoch ist das Buch interessant und bietet für einige Schmökerstunden Unterhaltung.

Kostuemgeschichte

Amman, Jost:

Das Ständebuch. Faksimile-Ausgabe des Insel Verlages; hrsg. von Manfred Lemmer, Leipzig 1989

Eine der schönsten zeitgenössischen Darstellungen zur Ständegesellschaft und den diversen Handwerksberufen überhaupt.

Kybalova, Ludmilla (u.a.):
Das große Bilderlexikon der Mode, Prag 1966.

In einzelnen Kapiteln wird von der Antike bis zur Gegenwart die Geschichte der Mode geschildert. Sonderkapitel zu Accessoires oder Frisuren unterstützen und vertiefen das angebotene Wissen. Gut zu lesen, doch leider nur noch in gut sortierten Bibliotheken zu finden (und das auch nicht mehr oft)

Loschek, Ingrid:
Reclams Mode und Kostümlexikon, Stuttgart 1987

Ein Standardwerk der Kostümkunde, aber wer sich nicht bereits etwas auskennt, wird mit dem lexikalischen Teil seine Probleme haben. Wenn man das Stichwort nicht kennt, kann man es schließlich auch nicht finden!

Thiel, Erika:
Geschichte des Kostüms, Berlin 1980

Ideal, um sich einen fundierten, gut verständlichen Überblick über die Entwicklungsgeschichte der Kleidung und auch der verwendeten Stoffe zu verschaffen.

Tietzel, Brigitte:
Geschichte der Webkunst – Technische Grundlagen und künstlerische Tradition, Köln 1988

Anschaulich erläuterte Grundlagen zu Stoffherstellung, Stoffarten und Webverfahren. Gut geschrieben, aber eigentlich nur den an diesem Handwerk Interessierten zu empfehlen.

Schnittmustererstellung

Krämer, Xenia/ Störmer, Michael:
Das Buch der Gewandung, Zirndorf 1993

Einfache Darstellung der Kostümkunde des Mittelalters mit einer Anleitung zum Nachschneidern der vorgestellten Gewandformen.

Sichart, Emma von:
Praktische Kostümkunde in 600 Bildern und Schnitten nach Karl Köhler, München 1926

Ein kleiner Schatz aus dem kostümkundlichen Bereich. Leider nie neu aufgelegt und nur in Bibliotheken noch zu finden (hoffentlich!). In vielen Fällen zwar nicht unbedingt praktikabel und veraltet, aber dennoch hilfreich und spannend zu lesen für jeden, der sich fürs Nachschneidern historischer Kostüme interessiert.